어른의 품위

어른의 품위
Dignity of adults

진짜 어른이 되기 위해 지켜야 할 삶의 태도
최서영 지음

북로망스

프롤로그

에세이를 쓰다 보면 그간의 삶과 가지고 있는 생각을 낱낱이 분해하게 된다. 그리고 누군가가 재밌게 읽어주었으면 좋겠다는 마음 반, 하나도 읽히지 않았으면 좋겠다는 마음도 반. 어쨌든 사람들이 읽을 때 보편적으로 좋은 글이길 바라며 한 글자 한 글자 꾹꾹 눌러 담는다. 글을 쓰는 과정, 책이 나오는 과정은 반드시 위경련을 수반한다. '작가'라는 명분 아래 가족들에게 온갖 까탈을 부리고 책이 안 써진다며 글쓰기 좋은 동네 카페를 몇 차례씩 순회하고 나면 드디어 책이 나온다.

그렇게 공들여 쓴 책이건만 세상에 나와 서점에 놓이면 자꾸만 작아보인다. 공들여 치장을 하고 나갔는데 유리에 살짝 비친 내 얼굴에 실망하며 '집에선 분명

끝내줬는데' 하고 생각하는 것과 비슷한 상황이다.

책을 이미 내본 사람으로서 책을 쓸 때의 긴장과 출간했을 때의 어떤 패배감을 잘 알면서도 이 책을 꼭 쓰고 싶었다. 아무리 힘들어도 글쓰기만큼 나를 오롯이 들여다보는 일이 없기에, 인생의 이 무렵에는 책을 쓰며 삶을 바라보는 바뀐 시각을 짚고 넘어가고 싶었다.

그간 살아오면서 나는, 평범하고 무탈하게 살아준 나 자신에게 고마워하지 못하고 스스로를 참 많이 괴롭혔다. 서른쯤부터는 무슨 일을 할 때마다 '이제 나이가…' 하는 생각으로 스스로 발을 걸어 넘어뜨렸고, 조금이라도 현실과 동떨어진 낭만에 가까운 일을 하고 싶어질 때는 바로 '그럴 때가 아니야. 정신 차려!'라고 싹을 잘라냈다.

마흔이 넘어가며 내 표정은 전보다 더 긴장된 모습이었다. 이쯤 되면 무언가를 아주 많이 알고 깨달았으며 욕심도 내려놓고 편하게 살아서 여유가 자연스럽게 생겨 있을 줄 알았는데 이 나이는 그런 나이가 아니었다. 게다가 전보다 늘어난 의무와 책임에 갇혀 오히려 점점 애를 쓰며 살아야 한다.

나는 나에게 어떻게 해주고 싶은 걸까. 모든 의무와

책임에서 벗어나 자유롭게 훨훨 날아가게 해주고 싶은 걸까? 날아가면 그다음은? 대책 없는 도망은 내가 원하는 것이 아니었다.

책을 쓰며 들여다본 내 마음은 '나 아직 뭔가 더 해보고 싶어', '나 제대로 살아본 적이 없는 것 같아'라고 말하고 있었다. 나는 여전히 내가 만든 무언가가 많은 사람에게 가닿기를 바라며 무엇보다 스스로에게 나 자신이 꽤 괜찮다고 느낄 수 있기를 원한다. 나는 아직도 많은 것을 해보고 싶다.

어쩌면 아직 너무 늦지 않았을 때, 아니 인생에 늦은 때란 없겠지만 아무튼 이런 생각이 든 지금, 나는 스스로에게 더 많은 기회를 주기로 했다.

미래를 걱정하지 말고(그런다고 걱정이 안 되는 건 아니지만) 조금 더 누릴 기회, 등에 지고 있는 것이 무거워도 눈 딱 감고 내 꿈을 추구할 기회, 내가 가진 아름다움을 꼬인 것 없이 받아들이고 만끽할 기회, 지금을 살 기회를 스스로에게 주는 것.

그것이야말로 나에게 지금 필요한 태도, 어른이 되어가는 과정이 아닐까.

이 책은 앞으로 내가 살아갈 어른의 세상에서 어떻

게 품위를 지키며 살아갈 것인지 고민하는 이야기다. 미래를 포기하지 않으면서 지금의 나를 사랑하는 연습에 대한 기록이다.

자신에게 박했던 날을 후회하는 모든 이들이 조금은 더 당당한 어른이 되길 바란다.

차례

프롤로그 004

1장
긴장의 끈을 놓지 않는다

품위 없는 어른이 되고 싶지는 않아 014
무서워도 끝까지 걷는 사람 018
내일 없는 오늘처럼 023
과거의 나를 안아주기 028
미니멀리스트 033
행복을 발견하는 재능 038
최악을 상상해도 괜찮다 044
나중으로 미룬 행복 048
깊이 있게 산다는 것 053
마흔의 마음 058
살아내는 태도 063
돈에 휘둘리지 않기 위해 067
습관이 보내는 조용한 신호 074

2장
기록은 나를 나로 기억해준다

•

마음이 배고픈 날에 대하여 084

쉼의 감각 089

배움의 의미 094

식견은 어떻게 넓히는가 099

닮고 싶은 사람 103

시간의 주인이 되기 108

기록의 온도 113

인생의 본보기 117

나의 집, 마음의 집 121

나를 닮은 선택 126

오래 버티고 싶어서 하는 자기관리 131

우아한 어른 136

콤플렉스라는 그림자 140

3장
누구에게나 고유한 삶의 무게가 있다

·

우아하게, 느릿하게 148

꿈과 나 사이에 놓인 것 152

보여주기식 삶 157

관계에 기대지 않기 162

과감한 포기 167

숨겨진 재능을 찾는 질문 172

질투심을 지나며 175

잘되고 싶은 욕심 179

도망친 곳에 낙원은 없다는 말 184

일하는 마음 189

변화를 품는 일 194

한결같음의 힘 198

4장
받은 것보다 조금 더 많이 주며 살아가고 싶다

:

행동으로 증명하는 사람 206

허리 펴고 입꼬리 올리고 210

좋아함의 무게 216

무너져야 보이는 것들 223

곁에 있어 준다는 것의 의미 228

서로에게 다정할 것 232

사라지는 인연들 236

치열함을 내려놓은 뒤 241

엄마의 고백 246

물려주고 싶은 것들 251

나를 속이지 않는다 256

에필로그 262

1장

긴장의 끈을
놓지 않는다

품위 없는
어른이
되고 싶지는 않아

나쁜 어른을 많이 봤다. '어떤 어른이 될 것인가' 혹은 '나는 어떤 어른이 싫었는가'를 생각해보지 않고 나이 들면 높은 확률로 나쁜 어른이 되는 것 같다. 나쁜 어른의 공통점은 의외로 단순하다. 힘을 가졌다는 이유만으로 상대방에 대한 존중을 건너뛴다는 것. 나보다 어린 이들의 이야기를 들어주기보다 자기만의 기준으로 서둘러 판단하고, 묻기보다 단정해버린다는 것.

예전에는 상사나 나보다 나이 많은 사람에게서 나쁜 어른의 모습을 자주 보았는데 이제 내가 어른의 나이에 진입해서인지 나보다 나이가 어린 사람들 가운데서도 나쁜 어른의 모습을 어렵지 않게 보게 된다. 겉으로는 꼰대가 아닌 체하지만 나이가 아니더라도 영향력이나 경험, 지혜를 내세워 자기보다 어린 사람들을 착취하는 행태로 영리하게 타인을 이용하기도 한다. 최신 유행어를 곁들이거나 세련된 태도로 포장해도 그 본질은 예전의 나쁜 어른들과 크게 다르지 않다.

내 또래에게서 씁쓸한 모습을 발견할 때마다 문득 '나도 저런 어른이 되어 있는 건 아닐까?' 겁이 난다. 돌아보면 나에게도 뜨끔한 순간들이 있었다. 단호함을 가장한 가시 돋친 말을 내뱉고 후회했던 기억, 상대가 자신의 의견을 솔직하게 말하기 어려운 상황임을 잠깐 간과하고 내가 원하는 답을 들을 수 있는 질문으로 상황을 넘겼던 일, 실수한 사람에게 시간을 주거나 기회를 열어주기보다 성급하게 단정해버렸던 태도. 나에게도 이렇게 떠올리면 얼굴이 붉어지는 순간이 잔뜩 있다.

내가 좋아했던 어른들의 공통점은 '품위 있는 사람'이라는 점이다. 분명 아는 것이 많고 가진 것이 많은데도 일부러 드러내지 않는 어른의 모습에서 오히려 자신감과 여유를 느꼈다. 외형적 성취보다 일상 속 태도와 말투에서 묻어나오는 무게감이 나를 사로잡았다. 좋은 어른이란 결국 자신의 완벽함을 내세우는 사람이 아니라는 걸 그들에게서 많이 배웠다. 오히려 자신의 약점과 실패를 숨기지 않고, 그것을 이야기하며 나누는 태도가 진짜 어른스러움일지도 모른다.

나에게 영향을 준 어른들의 다른 공통점은 한결같이 배움을 멈추지 않는 사람이라는 점이다. 할 만큼 해보고 살 만큼 살아봤다는 냉소적인 태도 대신 무엇이든 새로운 것을 익히려는 호기심에 눈이 빛났고, 나이나 직업과 무관하게 누구에게서든 배울 점을 찾아내 자기 것으로 만들었다.

새로운 도전을 할 때면 그동안 내가 얼마나 편안하게 안주하고 있었는지 깨닫게 된다. 도전하며 나의 부족함을 마주하게 되면 낮아지고 겸손해질 수밖에 없다. 배움과 도전을 멈추지 않는 어른들이 그냥 어른들과 다르게 느껴지는 이유도, 단순히 시대에 발맞춰가는 부지런함 때문이라기보다는 이런 진심 어린 겸손이 있기 때문이라고 생각한다. 그리고 그 태도야말로 내가 어른으로서 지향하는 품위다.

나쁜 어른의 씨앗은 누구에게나 심겨 있는 게 분명하다. 조금 더 살았다고, 조금 더 경험해봤다고 경솔해지는 순간 그 씨앗은 빠르게 자라나는 것일 테다. 미리 지나온 시간을 지혜롭게 활용해 경청하고 겸손해지려는 노력을 기본값으로 착장해야 그나마 품위 없는 어른이 되는 것을 피할 수 있는 것이 아닐까. 누구나 늙지만 누구나 어른이 되는 것은 아니므로.

무서워도 끝까지
걷는 사람

나는 잘 타고난 사람들 앞에서 유독 작아졌다. 누가 봐도 머리가 좋다든가, 목소리가 좋다든가, 놀랄 정도로 예쁜 외모를 가진 사람. 타고난 사람은 타고나지 못한 사람이 아무리 발버둥쳐도 넘기 힘든 다른 영역에 존재하는 것처럼 보였다. 무언가를 어렵게 느끼지 않고 자연스럽게 다음 단계로 나아가는 사람들을 볼 때, 나는 자주 '졌구나'라는 감정을 느끼곤 했다.

가진 것이 하나도 없는 것처럼 느껴지는 날에는 꼭 비에 흠뻑 젖은 기분이 되곤 했다. 나는 그런 날만큼은 우산이 있어도 굳이 비를 맞고 집으로 걸어 들어왔다. 비를 맞는다고 내 열등감이 씻겨 내려가는 것도 아니고 당장 처지가 바뀌는 것도 아니지만, 그렇게라도 패

배한 나를 온몸으로 느끼고 나면 오히려 마음이 조금은 가벼워지는 기분이었다.

이불 속에서 며칠을 끙끙 앓고 나면 결국 다시 일어나야겠다는 생각이 들었다. 나의 열등감은, 어른으로서 모든 것을 오롯이 감당하며 나아가야 할 앞날에 대한 불안에서 비롯되었다는 것을 어렴풋이 느끼면서 말이다. 그럴 때마다 떠올리던 시가 하나 있다.

정신을 똑바로 차려. 그러면 잠이 쏟아진다. 발이 무거워지고 있다는 것을 알고 있다.

아스팔트가 녹고 있어서. 긴 장화를 샀다. 비가 오지 않은 지 오래되었다. 한번 사라진 계단은 다시 나타나지 않는다. 철제 사다리를 어깨에 메고 한참을 걸었다.

'목적지를 정하면, 도착할 수 없게 된다.'

가지고 있던 지도에 쓰여 있던 말. 나는 백색 지도를 보고 있다. 주머니에 구겨넣자 주머니가 터져 버렸다.
시작을 시작하기 위해선 더 많은 시작이 필요했다.

베란다의 기분. 축하 이전으로 돌아갈 수 없다는 것.

틀렸어. 틀려도 돼.
하얀 목소리가 벽에 칠해진다.

발이 더 무거워졌다. 그만두고 싶다고 생각했을 때.

너는 무서워하면서 끝까지 걸어가는 사람.
친구가 했던 말이 기억났다.
_안미옥, 「생일 편지」, 『온』, 창비

무서워하면서 끝까지 걸어가는 사람. 내가 나에게 보내고 싶은 응원 같은 말.

가끔 엄마에게 나의 어린 시절은 어땠는지 물어볼 때가 있다. 잘 기억나지 않는 나의 유년 시절에 대해 들을 때마다 '사람이란 본질적으로 얼마나 한결같은 존재인가'라는 생각을 했다. 엄마 말에 따르면, 나는 숙제가 있으면 밤을 새워서라도 끝내는 아이였다고 한다. 졸리고 힘들어서 울음을 터뜨리면서도 기어코 공책에

빽빽하게 글씨를 채운 다음에야 잠이 들었단다.

반짝이는 재능이나 사람들을 놀라게 할 만큼의 영특함은 없었지만 나에게는 그런 기특함이 있었던 모양이다. 그게 진짜였는지, 엄마들이 으레 과장하는 자식 자랑과 추억인지는 모르겠다. 하지만 살면서 무서웠던 순간들마다 나는 엄마가 해준 그 이야기를 꺼내어보곤 했다. 울면서도 숙제를 해내던 그 꼬마는 나를 무서워도 계속 걸어가는 어른으로 살게 해주었다.

누구처럼 타고나지도 않았고 어디서나 주목받을 정도의 재능을 가지지도 않았다. 그럼에도 불구하고 멈추는 대신 묵묵히 걷기를 선택한다. 세상은 나를 이겨 먹는 것투성이다. 일도, 사람도, 계절도, 내 기분도. 심지어 손수 만든 음식 맛조차 기대와는 다를 때가 많다. 모든 게 뜻대로 되지 않는 날이 술술 풀리는 날보다 많은 기분.

그렇다고 매번 지고 있을 수는 없다. 다 내팽개치고 드러누우면 누가 내 삶을 살아주나. 어딘가 도달하지 못해도 좋고 조금 헤매도 괜찮다. 다만 포기하지 않고 걷기로 한다. 무서워하면서도 끝까지 걸어가는 태도야말로, 내가 원하던 재능은 아니었더라도 나를 나답게 살아가게 해주는 가장 소중한 능력일지 모른다.

내일 없는
오늘처럼

20대에 호주 시드니의 본다이 비치로 여행을 간 적이 있다. 간소한 짐만 들고 떠난 여행이라 변변한 텐트나 돗자리도 없어서 친구와 나는 따뜻하고 보드라운 모래 바닥에 대충 큼직한 비치타월을 깔고 앉았다. 우리는 이어폰을 한 쪽씩 나눠 끼고 MP3에 내려받아 온 노래를 들었다. 넘실거리는 파도와 까맣게 그을린 서퍼들을 멍하니 바라보면서 그렇게 하염없이 시간을 보냈다. 그러다 배가 고파졌는데, 관광지의 밥값은 당시의 우리에게 꽤 부담스러운 금액이었다. 숙소로 돌아가 마트에서 산 레토르트 식품을 데워 먹는다는 방법도 있었지만 그러기엔 눈앞에 있는 해변의 풍경이 너무도 찬란했다. 우리는 밥을 포기하고 그 옆 밀크셰이크 가게

에서 허기를 달래기로 했다. 이름만 봐도 달아서 죽을 것 같았던 '데스 바이 초콜릿Death by Chocolate'이라는 음료를 하나 시켜 나눠 마시며 우리는 해가 완전히 질 때까지 그 자리에 머물렀다.

짧은 여행은 내내 그렇게 흘러갔다. 내일에 대한 걱정을 하지 않고 잠들어서 눈을 뜨면 가장 가고 싶은 곳으로 향했다. 지도를 펼쳐 그날 밤 머물 곳을 겨우 정하곤 했다. 하루 종일 걷다 보니 하바이아나스 슬리퍼의 밑창은 점점 닳아갔고, 엄지발가락과 검지발가락 사이에는 굳은살이 단단히 박였다. 걷다가 지치면 아무 데나 주저앉아 5달러도 안 되는 햄버거 세트를 먹고 다시 일어섰다. 이 맛집에는 꼭 찾아가야 한다거나 몇 시부터 몇 시까지 어디를 보고, 그다음엔 어디로 이동하자는 식의 계획은 없었다. 정해진 규칙이나 루트가 없는 말 그대로 자유로운 시간이 펼쳐졌던 여행이었다.

걸으며 나눈 이야기는 대부분 아주 먼 미래의 일이었다. 우리는 언젠가의 꿈, 언젠가의 삶, 언젠가의 모습에 대해 이야기했지만 신기하게도 그 '언젠가'에 대해 당장 준비하거나 걱정하지는 않았다. 가까운 미래, 그러니까 내일에 대해서도 전혀 고민하지 않았다. 우리는 오직 오늘 안에만 있었다.

사진도 몇 장 남지 않은 여행이었다. 하지만 그때 며칠 동안이나 입고 다녔던 얇은 흰 블라우스의 감촉이라든가 무료 개방일을 기다려 들어간 앤디 워홀 전시에서 본 "미래엔 누구나 5분은 유명해진다" 같은 명언은 아직도 생생하게 남아 있다. 거리 공연장에서 들었던 〈이즌 쉬 러블리Isn't She Lovely〉의 노랫말과 가수의 황홀한 표정 그리고 바다를 배경으로 반짝이던 젊은 몸은 지금까지도 내 기억 속에 '젊음'이라는 그림으로 박혀 있다. 아마도 그건 내가 그 순간에 온전히 머물렀기 때문일 것이다.

그 이후의 여행에서, 아니 그 이후의 삶에서 나는 한 번도 오늘만을 위해 살아본 적이 없었다. 아나운서가 되겠다고 미래를 정하면서부터 오직 미래를 위한 삶이 시작되었다. 취직을 위해 살다가, 직장에 들어간 뒤에는 결혼이 숙제가 되었고 결혼하고 나서는 가족을 위해, 또 아이를 낳고는 육아를 위한 삶이 이어졌다. 그렇게 늘 계획을 수행하느라 하루하루를 미래의 일부로만 사용했다. 그래서인지 지난 20년의 긴 세월 중 그 여행만큼 선명하게 남은 순간은 많지 않다. 아마 내 마음이 지금이 아니라 미래의 어느 날을 향해 있었기 때문일 것이다.

  지금이 좋은 순간이라서 더 오래 기억하고 싶다면, 이 순간을 흠뻑 느껴야 한다는 생각을 점점 자주 하게 되었다. 하루를 마칠 때도 '제대로 다 했나?'라고 스스로를 점검하기보다 머리를 비우고 호흡에 집중하며 몸의 힘을 빼는 연습을 한다. 그래 봤자 아침이 되면 여전히 하고 싶은 일보다는 해야 할 일에 더 많은 시간을 쓰며 미래에 대한 생각을 놓지 못하겠지만 그래도 조금씩 현재에 머무르는 걸 연습하고 있다.

  시간이 흐르면서 낭만은 부식된다. 해 질 무렵의 수평선을 바라보며 초콜릿 음료 하나로 허기를 달래던 그 시절의 무모함은 지금의 나로선 흉내 낼 수 없는 용기처럼 느껴진다. 그게 종종 서글프다. 이제는 식사는 탄단지를 비율에 맞춰 챙겨 먹고, 하루는 이미 만들어 둔 계획대로 보내고, 나쁜 감정은 숨기고 좋은 감정만 드러내면서 살아야 하며, 어른이니 뭐든지 제대로 해야만 한다는 강박 같은 것이 낭만을 대신한다.

  가끔은 그 바다에서처럼 오늘 하루만 생각하며 살

아볼 수 있다면 좋겠다. 내일을 내려놓고 지금을 충분히 살 수 있다면 좋겠다. 당장 굶더라도 앉은 자리가 너무 아름다우면 조금 더 버틸 수 있던 그 시절의 마음이 돌아와 주면 좋겠다. 그때의 나처럼 오늘도 달콤한 무계획을 한 모금 들이켜보고 싶다.

과거의 나를
안아주기

신비로운 분위기로 데뷔 전부터 SNS에서 주목받았던 한 배우가, 과거의 흡연하는 모습과 문신 사진이 공개되며 논란이 되었다. 그녀는 담담하게 자신의 심정을 밝혔다.

"그때의 나도 나고, 지금의 나도 나입니다."

잠깐 방황했다고 해명하거나 그 자리에 우연히 있었을 뿐이라는 흔한 변명을 늘어놓으며 빠져나가려 하지 않았다. 솔직하게 인정한 그녀의 태도는 도리어 대중의 호감을 샀다. 나에게는 그 장면이 이상하게 오래 남았다. 무언가를 감추지 않고 꺼내놓는 모습에서 묘한 해방감을 느꼈기 때문이었다.

나는 그 반대의 방식으로 살아왔던 것 같다. 과거의 실수가 떠오르면 몇 시간 동안 자책했고 똑같은 장면을 머릿속에서 몇 번이고 재생시켰다. '그때 왜 그렇게 말했을까.', '왜 그런 선택을 했을까.' 누군가 내가 지우고 싶은 실수를 언급하기라도 하면 벌거벗은 듯 얼굴이 화끈거렸고, 마음 어딘가가 무너져 내리는 기분이 들었다. 나의 실수를 나보다 더 오래 기억하는 사람들이 있을까 봐 '어떤 나'를 숨기기에 바빴다. 인생을 게임처럼 '다시 시작' 버튼 하나로 초기화할 수 있다면 얼마나 좋을까 상상하곤 했다. 어떤 날은 내 실수를 기억하는 사람들이 몽땅 사라졌으면 좋겠다는 생각도 해봤다. 그만큼 나는 어떤 나를 미워했고 받아들이지 못했다. 과거의 내가 무거운 그림자처럼 지금의 나를 따라다니며 발목을 붙잡는 기분이었다.

그 배우의 한마디는 내 안의 무언가를 일깨웠다. 그녀는 지난날을 없애려고 하지 않았다. 오히려 "그때의 나도 나"라며 과거의 자신을 껴안았다. 불필요해 보이고, 차라리 겪지 않았으면 좋았을 일들 역시 지금의 내가 만들어지는 데 영향을 미쳤다는 사실을 나는 그녀를 통해 깨달았다. 부끄럽고 미성숙했던 순간들이 있었기에 지금의 나아진 내가 되었고, 상처를 겪었기에 다른 사람의 마음을 더 섬세하게 들여다볼 수 있는 사람이 된 것이었다.

'킨츠기'라는 도자기 수리 기법이 있다. 깨진 조각을 밀가루 풀이나 옻칠로 원래 자리에 붙인 뒤 금가루나 은가루로 금이 간 부분을 따라 장식, 보수하는 방식이다. 그렇게 수리된 도자기는 때로 깨지기 전보다 더 높은 가치로 평가받기도 한다. 금이 가고 깨졌다는 사실이 그 도자기만의 고유한 특성이자 시간을 품은 서사로 받아들여지기 때문이라고 한다. 킨츠기를 보며 나의 지난 실수를 떠올렸다. 내 잘못은 나를 쓸모없는 깨진 도자기로 만든 것이 아니라 완벽하지 않기에 단단하게 반짝이는 서사를 만들었다고. 금이 간 흔적은 부족하고 부끄러운 점이 아닌, 그럼에도 불구하고 계속 살아가려 했던 나의 흔적이라고. 흉터가 남았다는 건 내가 그만큼 치열하게 상처를 회복하며 살아왔다는 증거니까.

예전의 나는 과거를 정리되지 않은 실수로만 여겼

다. 누군가 당시의 이야기를 꺼내 들면 숨고 싶었고, 나 자신조차 과거의 나를 부정하려 들었다. 하지만 과거는 끌고 다녀야 할 짐이 아니라 단단한 오늘을 위한 계단이라는 것을 이제는 알고 있다. 어린 나 역시 애쓰며 버텼고, 당시에는 그 선택이, 그 말이 최선이었을 수도 있다는 걸 받아들이는 데는 시간이 오래 걸렸다. 그 과정을 통해 나는 조금씩 나를 인정하는 법을 배웠다.

지금의 나를 완성된 사람이라고는 생각하지 않는다. 여전히 실수를 하고, 자기 전 누워서 후회하는 장면을 되풀이하기도 한다. 다만 예전보다 나 자신을 쉽게 미워하지 않게 되었다는 점에서 나는 나아가고 있다고 믿는다. 완벽하지 않아도 괜찮고 금이 간 채로도 우리는 충분히 아름다울 수 있다.

우리 모두 어딘가엔 금이 가 있다. 누군가는 그 자리를 감추고, 누군가는 그 틈을 정성스럽게 메우며 살아간다. 나는 오늘도 금이 간 나를 끌어안는 연습을 하고 있다. 나의 불완전함을 하나의 무늬이자 나만의 이야기로 남기기 위해서.

어딘가 도달하지 못해도 좋고
조금 헤매도 괜찮다.
다만 포기하지 않고 걷기로 한다.
무서워하면서도 끝까지 걸어가는 태도야말로,
내가 원하던 재능은 아니었더라도
나를 나답게 살아가게 해주는
가장 소중한 능력일지 모른다.

미니멀리스트

나의 작은 기쁨 중 하나는 좋은 것을 발견했을 때 누군가에게 소문을 내는 일이다. 이 기쁨을 업으로 삼아 어느새 9년 차 리뷰어로 살고 있다. 문제는 이 기쁨을 누리기 위해 끊임없이 '좋은 것'을 골라내야 한다는 데 있다. 한두 개로는 안 되고, 여러 물건과 다양한 서비스를 사용하고 비교해야 한다. 그러다 보니 불가피하게 물건에 둘러싸여 살게 되었다. 이사하며 새로 집의 공간을 설계할 때도 사람이 머무는 공간을 줄이고 물건을 둘 공간을 만들어야 했다. 버리고 버려도 금세 다시 채워지고 마는 맥시멀리스트의 삶 역시 일과 함께 9년째 이어오고 있다.

내 주위엔 사람도 많다. 나는 사람에게서 영감을 자주 받는 편이라 나를 자극해줄 만한 사람을 만나는 일을 소홀히 하지 않았다. 바쁜 와중에도 여러 모임을 주기적으로 챙겼고, 그 덕에 주변엔 늘 사람이 넘쳤다. 마당발이라는 소리를 듣는 데 부족함이 없었다.

관심사는 또 왜 이렇게 많은지. 한 번은 동료들과 출장을 갔다가 시간이 남아 쇼핑을 하러 간 적이 있었다. A는 옷과 액세서리를, B는 카메라를, C는 골프채와 골프복을 보러 각자 흩어졌다. 그때 나는 옷, 주방용품, 만년필, 책, 액세서리까지 쇼핑몰 전체를 기웃거렸다. 대체 나는 좋아하는 게 몇 개나 되는 걸까, 감조차 오지 않을 때가 많았다.

처음 만나는 이들에게 나를 소개할 때도 수식어가 늘 길었다. 운영하는 유튜브 채널, 전직 아나운서 이력, 공간과 모임 이야기까지 꺼내다 보면 말하는 도중에 현타가 왔다.
"나는 도대체 뭐 하는 사람이지?"

여러 곳에 발을 걸치고 사는 내 모습을 보며 누군가는 다재다능하다고, 또 다른 누군가는 부지런하다고 말했다. 그러나 정작 나는 여러 조각으로 흩어져 정신없이 흩날리는 기분이었다.

어째서 나는 하나에 마음을 쏟지 못하고, 늘 여러 군데로 애정을 분산시킬까.

곰곰이 생각해보니, 그것은 일종의 방어기제 같았다. 하나만 붙들면 반드시 잘 해내야 할 것 같은 압박이 따른다. 하지만 여러 개를 동시에 붙들면 조금씩만 성과를 내도 잘 해낸 일의 총합이 더 커지는 듯한 착각을 할 수 있기 때문이었다. 그럴 때 '괜찮아, 이게 안 돼도 다른 게 있잖아'라는 자기 위안 속에 머물 수 있었다.

결국 나는 완벽해지고 싶고 잘하고 싶은 욕망이 지나쳤기에 이런 삶을 선택한 것이다. 그 아무것도 놓치고 싶지 않은 마음 때문에 끊임없이 새로운 일을 벌이고 해내느라 정작 나는 서서히 닳아가고 있었다.

무수한 할 일과 욕망이 뒤섞여, 나의 삶은 좀처럼 단단해지질 않았다. 무엇보다 현재에 집중하지 못하게 된다. 도망칠 곳이 있다는 건 잠깐의 숨통이 될 수 있지만 실력을 키우는 데는 도움이 되지 못했다. 어려움이 닥치면 정면으로 마주하고 극복하며 단단해져야 했지만 나는 금세 다른 곳으로 몸을 피했다. 그리고 새로운 관심사에서 작은 성취를 맛보며 해내지 못한 일에 대한 고통을 잊기에 급급했다.

사람과의 관계도 다르지 않았다. 한정된 시간을 너무 많은 관계로 나누다 보니 결국 누구에게도 충분한 시간을 내어주지 못했다. 그 결과 지인은 많지만 진짜 친구는 남지 않는 아이러니가 만들어졌다.

좋아하는 것이 많다는 건 즐겁지만 그 끝에 공허함이 있었다. 새로움에 끌려 관심을 옮겨 다니는 동안, 정작 나만의 취향이 뿌리내릴 시간은 얻지 못했다. 시간이 쌓이며 숙성되는 오래 곁에 두고 깊어지는 취향. 그건 결국 하나를 오래 붙들어야만 만들어지는데, 나는 늘 그 시간을 내어주지 못했던 것이다.

오래전 "못사는 집에 군짐이 많다"는 말을 들은 적이 있다. 그때는 '못사는 집'이 단순히 가난을 뜻한다고 여겼다. 하지만 지금은, 그것은 제대로 삶을 굴리지 못하는 사람들이 사는 집을 의미하는 게 아닐지 생각한다.

이것저것에 관심만 두고, 쓸데없는 것들로 가득 차 정작 집중하는 것이 하나도 없는 집. 그런 집은 잡동사니를 끌어안은 고물상처럼 보일 것이다. 고물상 안에 있는 물건은 아무리 값비싼 것이라도 결국 고물처럼 보이기 마련이다.

나의 삶도 이제는 조금 줄일 때가 되었다. 일도, 관계도, 그리고 '나'라는 사람 자체도 더 깊고 선명하게 다져가고 싶다. 완벽해지고 싶은 마음으로 인한 불안 때문에 도망치고 싶을 때, 그 도망칠 구석을 '관심사'로 포장하는 게 아니라, 진짜 내가 집중해야 할 것에 집중하며 굳건하게 나를 세워가고 싶다.

행복을
발견하는 재능

어른의 행복이란 무엇일까. 맛있는 안주를 잔뜩 시켜 놓고 취향에 맞는 와인만 마실 수 있으면 더 바랄 게 없을 것 같았는데 막상 형편이 나아져 와인 정도는 마음먹으면 마실 수 있는 지금, 생각처럼 벅차게 만족스럽지가 않다.

친구나 지인과 만나면 늘 비슷한 이야기를 하게 된다. 강남 아파트 가격이 얼마나 비현실적인지 아느냐, 책 육아와 영어 유치원은 왜 필요한 것이냐, 아이들 어릴 때 공부 안 시켰다가 공부 습관 안 들면 더 나중에 후회해도 늦는다, 이제 웬만한 돈 벌 방법은 다 레드오션이다, 그래도 우리는 여기서 이렇게 모여 맛있는 것을 먹을 수 있는 정도로 살 만해졌으니 좋지 않냐는 이야기. 이 주제들의 반복에서 내가 비관과 자조의 말보다 더 듣기 싫었던 건 남과 비교해서 나은 구석을 찾아야 안도하는 우리의 불안함이었다.

돌이켜보면 우리는 어릴 때부터 행복을 미루도록 강요당하며 자라왔다. 취미나 연애처럼 순수하게 가슴을 뛰게 하는 행동은 공부를 방해하는 장애물쯤으로 비하되었다. 어른이 되어야 비로소 행복을 느낄 자격이 생기는 것처럼 미래의 행복을 위해 현재를 저당 잡힌 삶을 사는 것을 당연하게 여겼다. 나 역시 인생의 어떤 단계에 다다르면 혹은 새로운 어떤 챕터가 시작되면 거기에 어마어마한 행복이 기다리고 있을 거라고 막연히 기대하며 자랐다.

하지만 막상 목표한 성적을 받거나 취직을 한다거나 결혼을 한다거나 하는 '어떤 단계'에 도달했을 때, 행복이 있어야 할 자리는 비어 있었다. 이만큼 먹고사는 게 다 인고의 시간을 보냈기 때문이 아니냐고 누군가 묻는다면 나는 지금의 행복을 희생할 만큼의 무언가를 발견한 적은 단 한 번도 없었다고 말하고 싶다. 무언가 폭발적인 행복감이 있을 거라 기대한 나머지 지금의 행복을 외면하는 것은, 지금은 죽고 나중에만 살겠다는 태도일지 모른다.

황당한 점은 여러 번 배신감과 실망을 경험한 후에도 행복을 미루도록 학습된 태도는 좀처럼 달라지지 않았다는 것이다. 여전히 조금만 더 가면 분명 무언가가 있을 거라고 자꾸 믿게 되었다. 아니, 믿기 위해 노력했다.

열심히 달려 어딘가에 도착하면 또 아무것도 없는 게 아닐까, 잠시 길을 잃고 방황하다가 또 다음을 향해 끝없이 달려야만 하는 게 인생일까. 막막함에 그나마 구체적인 답안이 있는 아파트 가격과 아이 교육이나 돈 이야기로 눈을 돌려보고, 눈에 보이고 손에 잡히는 주변인과 비교해서 우열을 가리며 안도를 느끼는 사람, 혹은 비교우위에 서지 못한 스스로를 채찍질하며 살아가는 사람이 되고 만 것일까.

어떤 것에 대한 개념이 애매해질 때마다 그 단어를 사전에서 찾아본다. 행복이란 '복된 좋은 운수/생활에서 충분한 만족과 기쁨을 느끼어 흐뭇함. 또는 그러한 상태.'

내 눈에 들어온 것은 '생활에서 충분한 만족과 기쁨을 느끼어-' 부분이었다.

그러고 보면 우리는 행복을 마치 가만히 우리를 기다리고 있는 트로피 같은 물건으로 생각하는 게 아닌가 싶다. 그러나 행복은 어떤 지점에 가서 쟁취할 수 있는 것이 아니라 그 과정에서 순간순간 느끼는 기분 좋은 감정이다.

그럼에도 행복은 미래에 있을 거라고 생각하는 스스로가 싫어지고 앞으로도 큰 깨달음이 없는 이상 계속 이렇게 살아갈 것 같은 생각에 내 인생도 미워졌다. 쓸쓸한 내 마음을 읽은 배우자가 나지막이 말했다.

"자꾸만 있지도 않은 것을 쫓는 것 같은 기분이 든

다면 지금 당장 너를 행복하게 하는 걸 구체화해 봐."

표면적으로는 거창한 목표를 향해 달려가는 사람이 인생을 제대로 살고 있는 것처럼 보이지만, 실제로는 손에 쉽게 잡을 수 있는 행복을 찾아내는 것이야말로 제대로 사는 데 필요한 재능일지도 모른다.

소크라테스 같은 배우자의 이야기에 당장 나를 웃게 하는 것을 적어보기로 했다. 돈, 명예, 사람들의 칭찬… 그런 것들이 당연히 먼저 떠올랐지만 내가 컨트롤할 수 없는 영역의 것은 제쳐두고 포도당 캔디에 혈당이 반응하듯이 바로 나를 끌어올릴 수 있는 것을 찾아보기로 했다.

좋아하는 작가의 신간 도서, 넷플릭스에 올라온 재밌어 보이는 신작, 겉바속촉 까눌레, 아이의 살냄새, 해물을 잔뜩 넣은 라면, 샤워 후 맥주 한 잔.

세상을 다 가져야 하는 것처럼 비장하게 마음먹지 않아도 누릴 수 있는 행복은 많았다. 나중이 아닌 지금의 행복을 누리는 연습을 하다 보면 어느새 큰 걸 갖지 않아도 더 자주 행복한 사람이 될 수 있지 않을까.

최악을 상상해도 괜찮다

햇살 같은 사람이 되고 싶었다. 나는 항상 존재만으로도 주변이 밝아지고 사람들을 기분 좋게 만드는 에너지를 가진 사람을 동경했다. 언제나 타인에게 상냥하고 긍정적인 태도를 가진 여유로운 사람, 어떤 상황이 닥쳐도 유쾌하게 끌고 갈 수 있는 사람이 되고 싶다고 생각했다.

안타깝게도 나는 그런 사람이 아니라는 것을 이제는 안다. 나는 꽃이 지듯 내 삶이 지는 날에 대해 꽤 자주 생각하는 사람이다. 일이 잘 풀릴 때는 이 흐름이 언제 꺾일지 걱정부터 하고, 낯선 장소에 가면 가장 먼저 비상 대피로를 찾아본다. 나에게 내일은 설레는 미래가 아닌 변수에 대비해야 하는 숙제로 느껴질 때가 많다. 그래서 희망에 가득 찬 꿈을 꾸기보다 현실적으로 살길을 궁리할 때 두뇌 회전이 더 잘되는 편이다. 일이 몰아쳐 정신없이 바쁘지 않으면 생각은 금세 어두운 방향으로 흘러간다.

별다른 일 없이 평화로운 날을 보내면서도 나는 '만약 내가 망하면 어떡하지', '망한다면 어떤 이유로 망하게 될까' 따위의 생각에 사로잡힌다. 지금의 내가 어디서부터 어떻게 무너지고 그다음은 어떻게 살아야 할지를 아주 구체적으로 시뮬레이션한다.

다행스럽게도 내가 상상했던 최악의 일들은 거의 일어나지 않았다. 늘 모든 운이 끝날 것처럼 불안해했지만 실제로는 꽤 안정적으로 살고 있다. 불안에 떠는 날도 결국은 무사히 지나갔고 대비해 둔 플랜 B, C는 꺼내볼 일이 거의 없었다. 최악을 상상했기 때문에 현실은 늘 그것보다 조금 나았다. 아이러니하게도 비관적인 상상들 덕분에 나는 많은 걸 준비했고 무사할 수 있었다.

매사 벚꽃이 휘날리는 맑은 봄날 같은 마음으로 살 수 있다면 얼마나 좋을까. 하지만 쨍쨍한 날이 있으면 흐린 날도 있는 것처럼 내 마음이 햇살 같지 않아도 괜찮다고 위로하는 중이다. 비관적인 내가 나름의 방식으로 나를 지켜냈음을 알기 때문이다.

비가 올지도 모른다며 비옷에 장화에 우산까지 야무지게 챙겨갔던 날, 하굣길엔 쨍쨍한 해가 떠 있어서 혼자 머쓱하게 걸은 적이 꽤 있었다. 생각해보면 장화를 신고 마른 길을 걸어가는 것도 나쁘지만은 않았다.

요즘의 나는 최악의 시나리오를 머릿속에 그리는 일을 현실을 더 잘 살기 위한 훈련이라고 생각하기로 했다. 그런 내 모습이 좋든 싫든 내가 가진 어두움이 나를 덜 다치게 했으니까. 인생이 예상과 다르게 흘러갈 수 있다는 걸 미리 상상해 본 사람은 뜻밖의 변화 앞에서 덜 절망할 수 있다. 예상 못 한 추락보다 예상했지만 오지 않은 추락이 훨씬 견딜 만하다. 불안에 민감한 사람은 세상의 균열을 더 빨리 감지하고 그래서 때로는 더 빠르게 적응한다.

물론 불안을 미리 껴안는 일은 피로하고 에너지를 분산시키기도 한다. 하지만 이것도 내 방식이다. 누군가는 일단 부딪혀 보는 용기로 나아가고 나는 '만약'을 떠올리며 나아간다. 방향은 다르지만 모두 자기 삶을 지키기 위한 진심이라는 점에선 다르지 않다.

최악이어도 괜찮다는 것은 최악을 상상하는 그 순간에도 나를 포기하지 않겠다는 다짐이다. 아무리 어두운 상상을 해도 그 끝에 있는 나는 나로 살 수 있을 거라는 믿음. 불안은 끝내 나를 지켜주는 힘이 될 수도 있다는 확신. 그러니 좀 추락하면 어떤가. 그래도 살아내면 되지. 계속 다시 시작하면 되는 것이다.

나중으로
미룬 행복

영화를 보고 극장에서 나오는 길이었다. 쉰 살 생일을 맞은 주인공의 대사가 계속 머릿속을 울렸다.

"내가 서른 살일 때 쉰 살을 생각하면 그건 정말 한참 멀게만 느껴졌고 굳이 지금 생각할 필요도 없다고 느꼈지. 그런데 눈 깜짝할 사이 벌써 쉰 살이 되었어! 말도 안 돼! 하지만 나는 결국 로스쿨도 가지 못했고, 봄날의 파리를 본 적도 없고, 옐로스톤에서 하룻밤을 묵어본 적도 없어. 나는 계속 미뤘어. 내년에 해야지 하고는, 내년이 오면 또 내년에 해야지 하고.
나는 이제 더 이상 그렇게 살고 싶지 않아."

_영화 〈히어〉

어쩌면 나 역시 언젠가는 하겠지, 하며 미뤄둔 수많은 일들을 하나도 이루지 못한 채 생을 마감할 수도 있겠다는 생각이 들었다. 정말 그럴 수도 있겠구나. 내내 서글픈 기분으로 그 겨울을 보냈다.

미뤄뒀던 옷 정리를 마침내 끝낸 날, 겨울 외투를 세탁소에 맡기고 돌아오는 길에 목련 한 그루가 하얗게 움을 틔운 걸 보았다. 그 순간 문득 이런 목련을 앞으로 몇 번이나 더 볼 수 있을까 싶은 생각이 들었다.

나는 '인생 시계'라는 앱을 사용하고 있다. 지나온 시간과 남은 시간이 시각화된 앱인데 아흔 살까지 산다고 가정했을 때 나에게 남은 생일은 50번이다. 어디까지나 운이 아주 좋다는 전제하에서, 남은 봄도 고작해야 50번 남짓인 것이다.

현실은 더 냉정하다. 먹고사는 일에 치여 생일을 건너뛰는 해도 부지기수일 것이고 나보다는 아이나 가족을 먼저 챙기느라 나 자신은 자주 잊게 될 것이다. 그러다 칠순쯤에 달력을 넘기면서 지나간 시간을 후회하게 될지도 모른다.

나는 그저 때우듯이 살았을 뿐, 제대로 누리거나 만

끽하지 못했던 건 아닐까. 인생 시계 앱에 찍힌 숫자를 바라보다 보면 하루하루가 아깝게만 느껴진다. 물론 책임감으로 채운 시간이 지금의 나를 견고하게 만들었다는 건 부정하지 않는다. 성실함이라는 단어로 요약되는 내 삶을 싫어하지도 않는다. 다만, 인생을 너무 먼 여정처럼만 바라보느라 매일 주어지는 소소한 기쁨을 놓치며 살아온 건 아닐까 하는 위기감이 스쳤다.

그래서 마음을 바꿨다. 인생이 어떤 것을 주든 그걸 선물처럼 받기로. 다음으로 미뤄두지 않고, 좋아하는 것을 더 자주 하기로 결심했다. 내가 숨 쉬며 살아 있다는 걸 더 자주 느끼며 단순히 살아내는 삶이 아닌 누리는 삶을 살기로 했다.

내가 당장 손에 넣고 싶은 행복은 거창하면서도 소박하다. 시간을 물 쓰듯 흘려보내고 싶다. 하루의 목적 같은 건 따지지 않고 그냥 좋아서 빠져드는 시간을 가지고 싶다. 나는 무언가에 푹 빠지는 데 거리낌이 없는 편이라 조금이라도 끌리면 잠깐 맛보는 것이 아니라 끝까지 빠져드는 쪽에 가깝다. 누군가는 나를 두고 덕력이 내재된 인간이라고도 한다. 그만큼 내 삶은 곧 무엇에 정신을 쏟아왔는지의 연대기라고 해도 과언이 아니다.

오랫동안 나는 좋아하는 일을 하면 죄책감을 느꼈다. 그 시간에 차라리 공부를 하거나, 도움이 되는 일을 하거나 하다못해 운동이라도 해야 제대로 시간을 사용하는 것처럼 여겨졌기 때문이다. 그래서 무언가에 몰입해 있는 순간조차도 쓸데없는 짓이라는 꼬리표를 달곤 했다.

하지만 내가 가장 나다웠던 시간은 몰입의 순간들이었다. 생산성과는 거리가 멀었지만 그 시간들이 나를 좀먹은 게 아니라 오히려 나를 채워주고 있었음을 한참이 지나서야 깨달았다. 부모님 몰래 밤새워 보던 홍콩 영화, 아이돌을 보기 위해 추운 날 방송국 앞을 서성이던 날들, 수업 시간 책상 아래 숨겨 읽던 소설, 아이팟에 가득 채운 음악들, 돈이 생기면 제일 먼저 샀던 전자기기들. 그 모든 순간이 없었다면 지금의 나는 무색무취한 사람이 되었을 것이다.

효율만 추구하며 살다 보니 요즘 가장 아쉬운 건 어떤 것에 푹 빠져드는 감각 자체가 사라진 것 같다는 점이다. 지금의 나는 일정 안에서 효율적으로 일을 처리하고 살아남는 데는 익숙하지만, 무언가를 그저 즐기려면 별도로 노력을 들여야 할 지경이 되었다. 순수한 즐거움은 점점 더 먼 세계의 것으로 느껴진다.

   그래서 이제는 의미 없어 보이는 것에 기꺼이 진심을 쏟고 싶다. 그건 시간을 낭비하는 게 아니라 나라는 존재를 다시 조율하는 것이 될 테니까. 누군가는 그걸 허송세월이라 부를지 모르지만 내 기준에서는 오히려 인생을 만끽하는 법에 가장 가깝다.

깊이 있게
산다는 것

시장에 가서 재료를 꼼꼼하게 살피며 장을 보는 한 시간, 쌀을 씻어 밥을 안치고 국과 반찬을 만드는 데에 또 한 시간. 식사를 마치고 설거지를 하고 식탁을 정리하는 데에 또 한 시간. 한 끼를 먹는 건 20분이면 충분한데 먹기 위해 앞뒤로 두세 시간을 써야 한다는 게 몹시 비효율적으로 느껴지곤 했다. 특히 혼자 먹기 위해 상을 차리는 것은 시간을 지나치게 사용한다는 생각이 들었다. 프리랜서의 특성상 자주 혼자 일하다 보니 빠르고 쉽게 먹을 수 있는 것들로 배를 채우는 게 습관이 되어버렸다.

한동안 혼자 먹을 밥을 만들 때는 밥을 짓는 동안

은은하게 퍼지는 고소하고 맛있는 냄새도, 국이 팔팔 끓는 소리도, 반찬을 그릇에 예쁘게 담아내는 정성도 모두 생략했다. 그 결과로 남은 건 속을 불편하게 만드는 인스턴트 음식의 잔여감, 쉽게 쌓이는 포장 쓰레기, 끝내 채워지지 않는 공허함뿐이었다. 원래도 예민했던 위가 급격히 나빠진 건 말할 것도 없었다.

먹는 게 곧 그 사람이라는데, 나에게도 마찬가지로 적용되는 말이었다. 나는 허기를 채우는 방법과 비슷하게 결과를 급하게 내놓는 데 익숙했다. 과정에 시간을 들이는 건 사치라고 여겼고, 무언가를 오래 붙잡고 있는 건 게으름이라고 생각했다.

관계에서도 비슷했다. 누군가와 친해지고 싶으면서도 시간을 들여 관계를 이어가려는 인내심은 부족했다. 안부를 묻고, 마음을 나누고, 작은 오해를 풀어가는 과정 대신 나는 빠른 친밀감을 원했다. 그래서 종종 누군가와 단기간에 급속도로 가까워졌다가, 사소한 이유로 금세 멀어지기도 했다. 정성 없이 차려낸 인스턴트 같은 관계로 순간은 배가 부른 것 같았지만 끝은 늘 허전했다.

일에서도 크게 다르지 않았다. 빠르게 만족감을 얻고자 하다 보니 계속해서 얕은 일만 하게 되었다. 무엇을 시작하기도 전에 나는 결과부터 먼저 계산했다. 과정에서의 실패나 우회는 절대 용납하지 않았다. 더디게 성장해야 하는 일은 아예 망한 일로 여기고 뒤로 미뤘다. 덕분에 하는 것마다 웬만큼은 해내는 '타율 높은' 사람으로 겉치장을 할 수 있었지만, 될 것 같은 것만 하면서 사는 스스로에 대한 자괴감이 늘 저 밑에서 나를 불안하게 했다.

이렇게 일을 지속하면서 외관만 화려하고 속은 텅텅 빈 것 같은 기분에 어쩐지 떳떳하지 않았고, 그 수치심은 나를 자주 지치게 했다. 누군가가 내 성과를 인정해도, 정작 나는 고개를 끄덕이지 못했던 것도 천천히 깊게 들어가는 과정이 생략되어 있음을 나는 알기 때문이었다. SNS에서 짧은 경력에 맞지 않는 엄청난 성과를 자랑하는 사람들, 자극적인 문구로 부를 자랑하는 사람들을 볼 때마다 불편함을 느꼈던 것도 이런 나의 내면을 투사했기 때문일지 모른다.

얕은 물은 빛을 흩뿌리며 눈부시게 반짝인다. 그러나 깊은 물은 순간의 반짝임 대신 깊은 푸르름을 품고 있다. 나는 오래도록 반짝임에 끌려 살아온 셈이었다. 반짝임은 쉽게 주목받고, 금세 인정받는 듯 보인다. 하지만 금세 사라진다.

깊음은 다르다. 겉으로 드러나는 화려함은 적을지라도 그 고요 속에서는 쉽게 흔들리지 않는 힘이 자란다. 관계든 일이든 삶이든, 시간을 들여 과정을 통과해야만 얻을 수 있는 내면의 결이 바로 그 깊음이다.

깊이 있게 산다는 건 결국 결과보다 과정을 더 오래 붙잡는 태도일 것이다. 드러나는 결과에만 치중하거나 눈앞의 효율을 따지기 전에, 지금 이 행위가 내 안에 어떤 울림을 남기는지를 묻는 일. 천천히 밥을 짓는 일처럼 사람을 오래 곁에 두는 일처럼 결과를 서두르지 않고 과정을 감내하는 일처럼 말이다.

지금의 나는 얕게 반짝이고 있는가, 아니면 깊게 머

물며 단단해지고 있는가. 그 질문을 놓지 않는 것이야말로 깊이 있는 삶의 시작일지 모른다.

마흔의
마음

마흔이 넘었다. 그 나이쯤이면 모든 게 안정되지 않을까 하여 몹시 기다렸고, 그러면서도 이제는 어른이어야만 할 것 같아 두려웠던 나이.

마흔이라는 말이, 40이라는 숫자가 무겁게 느껴지는 것은 더 이상 어리광을 부리기가 불가능하기 때문일 것이다. 신체적인 활기는 꺾이고, 책임질 일은 늘어나고, 뭔가 돌이키기에는 너무나 멀리 걸어와 버린 것 같다. 서점에 마흔의 불안을 위로하는 책들이 즐비한 이유도 알 것 같다. 어디에서도 응석 부릴 수 없는 중년의 초입(?)에 선 40대와 그 무게를 예습하고자 하는 30대가 마음 편하게 붙들고 울 것은 책뿐인 것이다.

나이 드는 것이 두려울 때 그리고 앞으로 남은 인생

에 희망이 줄어드는 것 같을 때, 나는 언젠가 보고 마음속 서랍에 간직해둔 어느 배우의 인터뷰를 찾아본다.

"20대는 즐겨. 네가 가지고 있는 아름다움을 무조건 믿어. 마음대로 해. 30대는 너무 열심히 일하지 마. 30대는 엄청 열심히 일해요. 그래서 30대가 사실은 굉장히 어려운 시대인 것 같아요. 그래서 30대 말쯤 되면 큰 브레이크 다운이 한 번씩 오거든요. 괜찮아, 괜찮아. 너무 열심히 안 해도 돼.
40대에는 최고의 인생이 시작됐어. 점점 더 좋아질 거야. 앞으로 황금의 시기가 오고 있어. 정말 아름다운 시기가 40대라고."

_문숙, 유튜브 〈얼루어 코리아〉

30대 중반이었을 때 이 인터뷰를 처음 봤다. 당시에는 이 말을 마음 깊이 믿지는 못했다. 전성기가 지나가서 잠시 쉬어가는 사람이 "그때보다 지금이 좋아요"라고 말하며 아쉬움이 가득한 눈빛을 하는 것처럼 어쩔 수 없이 내려놓은 사람들이 위로 삼아 하는 말이 아닐까 하는 의심도 했다.

하지만 진짜로 마흔을 넘기게 되니 조금은 저 말이 진실일지도 모른다는 생각이 든다. 나이는 들어가고, 전성기는 끝났거나 끝나가는 것 같고… 그럼에도 불구하고 나보다 내가 책임져야 하는 사람들을 위해 살아가는 것도 고되고 팍팍하기만 한 길은 아니다. 아름답게 꽃을 피워보고 부딪히며 다쳐도 보고 맹렬히 싸워도 보고, 정신없이 달려온 지금까지의 날이 모여 지금의 내가 되었고 그렇게 단련된 내가 이제는 많은 걸 감당할 수 있게 된 것일지도 모른다.

그러고 보니 나는 그냥 나이만 들고 있는 게 아니었다. 앞뒤 생각 안 하고 서두르던 어린 마음에 이제는 가끔 심호흡하고 갈 수 있는 여유가 더해졌다. 살면서 겪은 아픔들로 품이 깊어진 덕에, 나에게만 함몰돼 있던 사고는 가족으로, 사회로 자연스럽게 확장되었다. 삶이 건네는 크고 작은 사건들이 어떤 의미를 품고 있는지 이제는 좀 더 또렷이 분별할 수 있게 되었다.

그러니 일을 할 때도 나에게 박힌 작은 가시 대신 큰 문제들을 볼 수 있게 되었고, 어린 날의 내가 했던 고민으로 일기장에 눈물을 뚝뚝 떨어뜨리는 후배들의 등을 가만가만 토닥여 줄 정도의 그릇도 생겼다. 나이

들면 많은 기회가 사라질 거라 걱정했는데, 나이를 그리 따지지 않는 문화가 자리 잡은 것과 더불어 멋지게 앞길을 닦아주신 선배님들 덕에 전보다는 나이 탓을 하는 일도 줄었다.

관계 안에서도 이제야 정당하게 값을 치르며 사는 느낌이다. 나 하나 잘되어 보겠다고 부모님에게 얼마나 의지했는지, 내 등골을 빼서 아이를 키우며 깨닫는다. 할아버지, 할머니가 되어가는 부모님 모습에 이제야 미안한 마음이 들어 이것저것 사다 나르기도 하고 예쁜 말도 건네 보고 잘못하면 바로 싹싹 빌기도 한다. 어릴 때 그저 어리다는 이유로 그렇게 밥을 많이 얻어먹었는데, 그 사람들에게 그대로 갚지는 못하더라도 여기저기서 밥값을 내며 나름대로 갚으려 한다.

어느 아침, 가르마를 타다가 발견한 흰머리 몇 가닥에 가슴이 철렁하고, "전혀 그 나이로 안 보이세요"라는 말에 좋아서 절로 웃음이 나는 철딱서니인 나의 모습도 물론 여전하지만 이 또한 익숙해지겠지.

그리하여 나의 목표는 멋진 어른이 되는 거다. 좋은 어른은 남한테만 좋은 사람인 것 같아서 나의 나이 듦이 나에게도 좋은 일이길 바라는 마음을 담아 '멋진 어른'으로 정했다. 한 살 한 살 나이 먹은 것만으로 이렇게 단단해지는데, 작정하고 멋져지려고 하면 더 잘 나이 들 수 있지 않을까 기대하며.

살아내는
태도

조용히 앉아 있어도 화제의 중심이 되고 눈에 띄는 행동 없이도 주변의 시선이 향하는 사람이 있다. 일부러 돋보이려 하지 않는데도 괜히 단단해 보여 함부로 대할 수 없는 기운이 느껴진달까.

살면서 종종 존재감이 또렷한 사람을 만나게 된다. 그런 사람을 보면 내 마음이 작게 요동치곤 하는데 그게 부러움인지, 동경인지, 아니면 그냥 내가 아직 닿지 못한 무언가를 마주한 떨림인지 잘 모르겠다. 다만 어떻게 그렇게 자기 삶에 집중할 수 있는 걸까, 어떻게 타인의 시선에 휘둘리지 않을 수 있을까, 하는 질문이 자꾸 생겼다.

사람들 반응에 자주 흔들리고 나보다 앞서 나가는 사람을 보면 조급해지는 평범한 나. 애써 중심 잡고 걸어가고 있지만 어느 순간 사람들 반응에 중심이 삐끗하고 마음이 급해지기도 한다. 나는 왜 아직도 이 정도밖에 안 되지? 나는 왜 이렇게 흔들리지? 스스로가 미워지는 날이면 나도 그들처럼 단단한 존재감을 가진 사람이 되고 싶었다.

그러다 문득 내가 닮고 싶다고 느꼈던 사람들의 공통점을 알게 되었다. 완벽한 삶을 추구하지 않는다는 것. 남들과 다르다는 이유로 자신을 깎아내리지 않는다는 것. 자신의 결대로 단단하게 존재하는 것.

자신을 아끼는 사람은 관계에서도 조심스럽고 너그럽다. 과장하거나 숨기지 않고 기꺼이 자기 자리를 지킨다. 타인의 칭찬을 흔쾌히 받아들이며 안 좋은 말을 들어도 쉽게 흔들리지 않는다. "그 옷 안 어울리는 것 같아"라는 말에 "그렇게 느껴졌어? 근데 난 마음에 들어"라고 대답할 수 있는 태도는 단순히 유연한 성격에서 비롯된 것이 아니다. 그건 자기 취향을 알아차리고 자기 선택을 믿어본 시간이 쌓였을 때 가능한 일이다. 타인의 시선을 무시해서가 아니라 그보다 더 오래 바라보았던, 나라는 기준이 있기 때문에 할 수 있는 대답이다.

 가끔 '나를 사랑하라'는 말이 피상적으로 들릴 때가 있다. 하지만 나이가 들수록 그 말이 단지 구호가 아니라 삶을 만들어 나가는 데 중요한 어떤 태도라는 것을 알게 되었다. 나를 사랑한다는 것은 내 결핍을 핑계로 자신을 가볍게 다루지 않겠다는 결심이다. 진짜 자존감은 굳이 말로 드러내지 않더라도 그 사람이 살아온 방식에서 자연스럽게 드러난다. 자신을 존중하는 사람은 자기 기준을 알고 그 기준에 따라 움직인다.
 자기 삶에 주의를 기울이는 사람은 계속해서 자란다고 믿는다. 눈에 보이지 않더라도 스스로를 들여다보는 시간을 아끼지 않은 결과, 성장할 수밖에 없다. 그런 사람의 삶은 겉으로는 반복처럼 보일 수 있지만 결코 같은 날의 연속이 아니다. 하루하루를 허투루 보내지 않기에 쌓여가는 성실함은 언젠가 그 사람만의 결로 드러난다.
 주체적으로 살아간다는 것은 특별한 무언가를 가지는 게 아니라 매일 조금씩 나를 살아내는 일이다. 어제보다 나은 내가 되고, 오늘보다 더 온전한 내가 되기 위해 애쓰는 일. 자기 삶을 성실히 살아갈 뿐인데 나는 그 모습에 자꾸 마음이 끌린다. 곁에 있으면 이유 없이 안심이 되는 사람들처럼 그런 존재로 늙어가고 싶다.

 자신을 증명하려 애쓰지 않고 존재로 보여주는 사람. 주인공이 되고 싶다고 말하기보다 조용히 나 자신을 주인공처럼 다루는 삶. 무엇이 되어야 하냐는 질문을 스스로에게 계속 던지기보다 지금 이걸 쓰고 있는 내가 어떤 마음인지 잘 아는 것.

돈에 휘둘리지
않기 위해

프리랜서로 일하며 가장 지키기 어려운 것 중 하나는 적당히 일하는 것이다. 일이 좋아서 몰입하는 때도 있지만, 대부분은 '지금이 아니면 이런 기회가 또 올까?' 싶은 조바심 때문에 어느새 나를 몰아붙이며 일하게 된다. 자주 과도한 업무에 파묻혀 정신을 못 차리다가 마감이 끝나면 탈진하곤 했다.

하나의 큰 프로젝트를 마칠 때쯤 어김없이 소비로 스트레스를 해소하는 버릇이 있었다. 매운 음식이 당기면 남길 걸 알면서도 야식으로 떡볶이를 배달시키고, 굳은 어깨를 풀기 위해 마사지를 받았다. 책상 앞에서 꼼짝도 하지 않아 생긴 통증을 덜기 위해 필라테스 수업을 짬짬이 들었고, 알고리즘이 이끄는 대로 따라가 별로 필요하지도 않은 비슷비슷한 옷을 계속 사기도 했다. 친구들과 고급 레스토랑에 가서 먹고 마시며 과한 위로를 시도하기도 했다. 스트레스를 풀기 위해 쓴 돈이 내가 그 스트레스를 견디며 번 돈과 엇비슷해질 때의 씁쓸한 아이러니를 여러 번 마주했다.

소비는 일시적인 진통제였다. 무리라고 생각하면서 한 일은 결국 번아웃으로 되돌아왔다. 내 리듬대로 일하겠다며 프리랜서를 선택했는데 어느새 나는 자본의 속도에 휘둘리고 있었다. 한두 달쯤 쉰다고 내가 사라지지 않는다는 점을 잘 알고 있으면서도 공백기가 길어지면 존재감이 희미해질까 봐 불안감이 엄습했다. 마감을 하고 잠시 해방감을 맛본 뒤에 "역시 나는 일을 해야 사는 사람이구나" 중얼거리며 또다시 일정표를 채웠다. 일하면서는 지치고, 쉴 때는 불안해하다가 다시 일로 도망치기를 반복했다.

그 사이클의 중심에는 항상 돈이 있었다. 돌이켜보면 돈은 아주 오래전부터 나를 조용히 움직이고 있었다. 누가 보기에도 부족함 없이 자랐다고 생각했지만 대학에서 다양한 환경을 가진 친구들을 만나며 마음이 흔들리기 시작했다. 가난은 숨기려 하고, 부유함은 무심하게 배어 나온다는 말이 있다. 나는 이 말이 절반쯤 맞는다고 생각한다. 명품 가방을 여러 개 가지고 있어서 자주 바꿔 드는 친구, 신입생 때부터 외제 차를 타고 다녔던 친구, 가족과 함께 세계 일주를 하기 위해 휴학한 친구들을 보며 나는 어딘가 작아지는 기분을 느꼈다.

아나운서 시험을 준비하던 시절에 돈은 아주 본격적으로 나를 옥죄었다. 시험 준비는 투자라는 말이 있을 정도로 모든 과정에 돈이 필요한 일이었다. 학원비는 비쌌고 방송사의 성격에 맞춰 새로운 옷을 준비해야 했고, 헤어와 메이크업에도 전문가의 손길이 필요했기에 부모님께 손을 벌리는 일이 많아졌다. 더군다나 최종 선발 인원이 적어 수험 생활의 끝이 언제인지 짐작하기도 어려운 상황이었다. 그게 죄송스러워서 어떻게든 조금이라도 아낄 방법을 궁리했다. 하지만 탈락 소식을 들을 때면 실력보다 환경 탓을 먼저 하게 되기도 했다. 더 좋은 옷을 입었더라면, 개인 레슨을 더 받았더라면. 그렇게 자꾸 나의 한계를 마주하기보다 여유롭지 못한 상황 탓을 반복했다.

직장에 다닐 때도 다르지 않았다. "이 회사, 나랑 안 맞는 것 같아"라고 말하며 새로운 분야를 공부하려고 유학을 떠나는 입사 동기의 여유가 부러웠다. 누군가는 가볍게 결정할 수도 있는 일에 나는 현실적인 부담을 먼저 떠올려야 했다. 돈이 많았다면 겪지 않아도 될 감정이라고 여겼고, 돈이 없어서 겪는 고통이라고 생각했다.

독립해 혼자 살기 시작하면서부터는 숨만 쉬어도 돈이 줄줄 새어 나갔다. 손가락 사이로 스르르 빠져나가는 모래를 움켜쥔 기분이었다. 시간이 지나면서 물질적 절약은 어느 정도 습관이 되어 그렇게 어렵지 않았지만 불안정한 미래에 대한 초조함은 나날이 커졌다. 특별한 기술 없이 흘려보내는 것 같은 시간, 조직에 기대고 있지만 언제든 실직할 수 있다는 두려움. 그런 것들이 내 마음을 가난하게 만들었다.

가난의 정말 무서운 점은 생각을 움츠러들게 만든다는 것이다. 미래가 불안하면 꿈을 가지고 키워나가기 어렵고, 작은 지출조차도 자책하게 된다. 마음이 가난했던 시절의 나는 오지도 않은 미래를 미리 절망하며 거절하는 사람이었다. 사람 일은 어떻게 될지 모른다는 진리를 누구보다 잘 알면서도 나는 제약부터 계산했다.

결혼한 후에 괜찮은 조건으로 집을 살 수 있었던 기회가 몇 번 있었지만 '우리 주제에 무리'이라는 생각이 번번이 기회를 막았다. 대출 이야기를 꺼내는 남편에게 이자는 어떻게 감당할 거냐고 물으며 불안한 표정을 지었고, 비싼 동네의 집을 구경하자는 말에는 괜히 마음만 상하니까 그냥 가지 말자며 단칼에 잘랐다. 일을 하면서도 멀리 내다보지 못하고 눈앞의 수익에 급급해 장기적인 관점에서는 결국 손해가 되는 결정을 하기도 했다. 그때로 돌아갈 수 있다면 '해보고 싶은 마음'의 가치를 '돈의 가치'보다 크게 여기고 다른 선택을 해보고 싶다는 생각을 가끔 한다.

나는 돈이 중요하다고 생각하면서 정작 돈 이야기를 꺼내는 일에는 불편함을 느꼈다. 가진 돈으로 내 삶을 평가하면 좋은 점수를 받을 수 없을 거라는 걸 알고 있었기 때문일지도 모른다. 그래도 돈에 대한 의식은 집요하게 나를 강박처럼 따라다녔다.

요즘은 사회 분위기 자체가 많이 달라졌다. 예전에

는 드러내놓고 돈 이야기를 하는 것을 천박하다고 여기기도 했지만 이젠 자녀에게 경제 교육을 시키는 부모가 지혜롭다고 말한다. 나도 조금씩 달라졌다. 나를 움츠리게 했던 건 돈이 부족한 현실보다는 그 앞에서 작아지는 생각과 태도였다는 걸 알게 된 것이다. 그러면서 동시에 돈이 나를 지켜주는 수단이 될 수도 있다는 것도 알게 되었다. 돈과 적당한 거리를 유지하며 삶을 움직이는 좋은 연료로 사용하는 인생 선배들을 많이 만난 덕분이다.

돌아보면 취업 준비를 할 때도, 사회 초년생일 때도, 나를 끝내 무너지지 않게 붙잡아준 건 돈이었다. 몇 번이고 때려치우고 싶었던 나를 일하게 만든 현실적인 이유이자 경력을 이어가게 했던 동력이기도 했다. 돈을 지나치게 신격화해서 불행했던 것도 사실이지만 그렇게 만들어 낸 어느 정도의 기반이 삶을 단단하게 지탱해준다는 사실도 이제 부정할 수 없다.

누구나 부자를 꿈꾼다. 나는 부자가 되고 싶다는 마음보다 태도의 자산을 키우는 게 더 중요하다고 믿는다. 좌절할 일이 생겨도 절망하지 않고 미래를 위한 땔감처럼 경험을 쌓아두는 자세. 돈은 여전히 나를 흔들지만, 언젠가는 나를 지켜주는 힘이 되어줄 거라 믿는다.

습관이 보내는
조용한 신호

나는 '긴장의 끈을 놓지 않는다'라는 말을 좋아한다. 적당한 긴장은 내게 삶의 리듬을 유지하게 하고 정체되지 않도록 자극해주는 힘이 되었다. 그 끈이 느슨해지지 않게 해준 건 루틴이었다. 아침에 눈을 떠서 따뜻한 물 한 잔을 마시고 5분이라도 스트레칭을 한다. 아이가 일어나면 정해진 시간에 셋이 함께 아침을 먹고, 일주일에 세 번은 아이를 등원시키고 바로 필라테스를 하러 간다. 별것 아닌 반복이 익숙한 일상에서 산뜻한 마음을 유지할 수 있게 했다.

하지만 리듬을 매일매일 유지하기는 쉽지 않았다. 루틴은 빙산이 녹듯 내가 눈치채지 못할 만큼 아주 서서히 무너지곤 했다. 왜인지 일상을 되짚어보다가 몸은 마음을 따라 반응한 것이고 먼저 무너진 건 마음이었다는 사실을 알게 되었다.

가장 먼저 달라지는 것은 식습관이었는데, 마음이 좋지 못할 때마다 음식은 생존을 위한 수단이거나 스트레스를 풀기 위한 도구가 되었다. 제때 챙겨 먹지 못하고 영양소 비율과 무관한 폭식과 불규칙한 식사를 반복하게 되었다. 몸이 점점 무거워지고 소화도 더뎌지면서 쉽게 졸리고 기운이 없어졌다. 체중의 변화보다 문제인 건 마음이었다. 내가 먹는 것이 곧 나라는 말은 사실이라는 것을 직관적으로 알 수 있었다. 먹는 것은 곧 내가 어떤 사람이 될지를 결정하는 문제였다.

콘텐츠를 소비하는 방식도 달라졌다. 전엔 내가 보고 싶은 것들을 골라 보았다면 루틴이 무너진 후에는 그냥 화면에 뜨는 동영상을 마구잡이로 보며 시간을 흘려보냈다. 이미 본 드라마를 또 틀고, 웃기는지도 모를 숏폼을 멍하니 몇 시간째 보게 된다. 보고 나서도 남는 게 없는 영상들을 며칠이나 계속 보다가 문득 깨닫게 된다.

'내가 지금 아무 생각도 하기 싫구나.'

마음이 예전 같지 않으면 사람들과의 관계도 달라진다. 누구의 연락도 부담스럽고, 약속 잡기를 가능한 한 미룬다. "요즘 좀 바빴어"라는 말로 에너지가 바닥난 상태를 얼버무린다. 통화조차 귀찮아서 누군가와 대화하는 일 자체가 감정 소모처럼 다가온다. 내가 나를 돌보지 못하는 상황이니 누구와도 나눌 여유가 없다.

겉모습도 달라진다. 외출할 때마다 익숙한 옷만 입게 되고 씻기도 귀찮고 화장도 안 하게 된다. 눈에 띄지 않으려는 마음, 아무것도 하고 싶지 않은 마음이 되어버린다. 심리상담이나 정신과 의사들이 사람의 상태가 호전되는 신호를 점점 밝아지는 옷 색깔에서 짐작하기도 한다는 이야기를 들은 적 있다. 나는 그 말에 공감했다. 감정은 입고 있는 옷에서도 드러난다.

내가 가장 좋아해서 10년 넘게 실천해 왔던 기록하는 습관도 흐지부지된다. 스케줄러에는 빈칸이 늘어나고 일기장은 펴보지도 않는 날들이 생긴다. 의식적으로 기억하지 않으려는 마음. 이렇게 살고 있다는 걸 굳이 남기고 싶지 않다는 반항심이 본능적으로 일상의 기록을 생략하게 만드는 것이다.

틀어진 일상을 회복하는 것이 말처럼 간단하다면 얼마나 좋을까. 주변 사람들의 "작은 것부터 시작해"라는 말을 듣는 것도 버겁게 느껴진다. 예전의 나로 돌아갈 수 있을까 하는 의심이 가득한 상태에서 듣는 말은 응원이 아닌 타박으로 들리기도 했다.

그래도 한 가지는 분명했다. 무너지는 데에 순서가 있었듯 다시 회복하는 데에도 순서가 있다는 것.

나는 할 수 있는 것부터 손에 잡는다. 어지러운 책상 위의 물건들을 하나둘 제자리에 가져다 놓는다. 의자에 차곡차곡 포개진 옷을 옷걸이에 걸어 옷장에 넣으면서 휴대전화를 열어 밀린 알림 숫자를 없앤다. 집 전체를 다 치우겠다는 결심은 금방 꺼지기에 그저 눈앞에 걸리는 것부터 하나씩 해본다. 손을 움직이다 보면 한동안 외면했던 마음의 먼지도 함께 치워지는 기분이 든다.

몸을 더 움직여주는 것도 필요했다. 가장 하기 싫은 일이지만 동시에 가장 확실한 회복의 방법이다. 분리수거를 하러 엘리베이터에 타는 일, 커피를 사러 직접 가까운 카페에 가며 짧게 걷기. 별것 아니지만 사소한 움직임이 바깥 공기를 안으로 데려오고 그 바람이 생각의 결을 바꾼다. 가만히 있으면 생각도 멈추지만 몸을 움직이면 비로소 생각도, 마음도 함께 움직이기 시작한다.

루틴을 회복할 때 효과적이었던 방법 중 또 하나는 책을 읽는 것이었다. 느린 속도로 문장 하나하나를 읽을만 한 글을 찾아 읽어본다. 우울함이라는 감정의 스위치에만 불이 들어와 있을 때 글자를 읽으면 이성에도 불이 켜지는 느낌이랄까. 독서를 통해 생각과 마음의 균형이 맞춰지는 느낌이다. 게다가 독서는 아직도 무언가를 알고 싶다는 뜻이고 살아보겠다는 의지의 표현이기도 하니 문득 스스로가 대견하게 느껴지기도 한다.

외모를 다시 들여다보는 것도 회복의 연장선상에 있다. 대단하게 돈과 시간을 들여 스타일 변신을 하라는 게 아니다. 옷장 안에 두었던 아끼는 옷을 다시 입고, 잠깐이라도 얼굴에 팩을 얹어보고, 미용실에 들러 머리를 손질하는 정도다. 바로 얼마 전의 나와 비교했을 때 달라지고 있다는 사실을 시각적으로 확인하는 것만으로도 충분히 힘이 생긴다.

콘텐츠도 다시 조금씩 걸러 본다. 이왕이면 의욕적으로 살아가는 사람들의 모습이 담긴 영상이나 글을 찾아본다. 선우용여 배우님이 80이 넘은 나이에 유튜브를 시작해서 "누워 있지 말고 밖으로 나가"라고 말하시는 걸 보며 밖으로 나갈 결심을 해본다. 열심히 살아가는 누군가의 표정과 말투가 나에게 스며들면 나도 잘살아 보고 싶은 마음이 샘솟는다.

나는 더 이상 가라앉은 나를 가볍게 넘기지 않으려고 한다. 삶의 어느 지점에서든 멈추는 감각이 느껴질 때 외면하지 않고 바라보는 것. 다시 나를 살피는 마음가짐만으로 이미 회복을 시작하고 있는 것인지도 모른다.

그때의 나도
나고,

지금의 나도
나입니다.

좀 추락하면 어떤가.
그래도
살아내면 되지.
계속 다시 시작하면
되는 것이다.

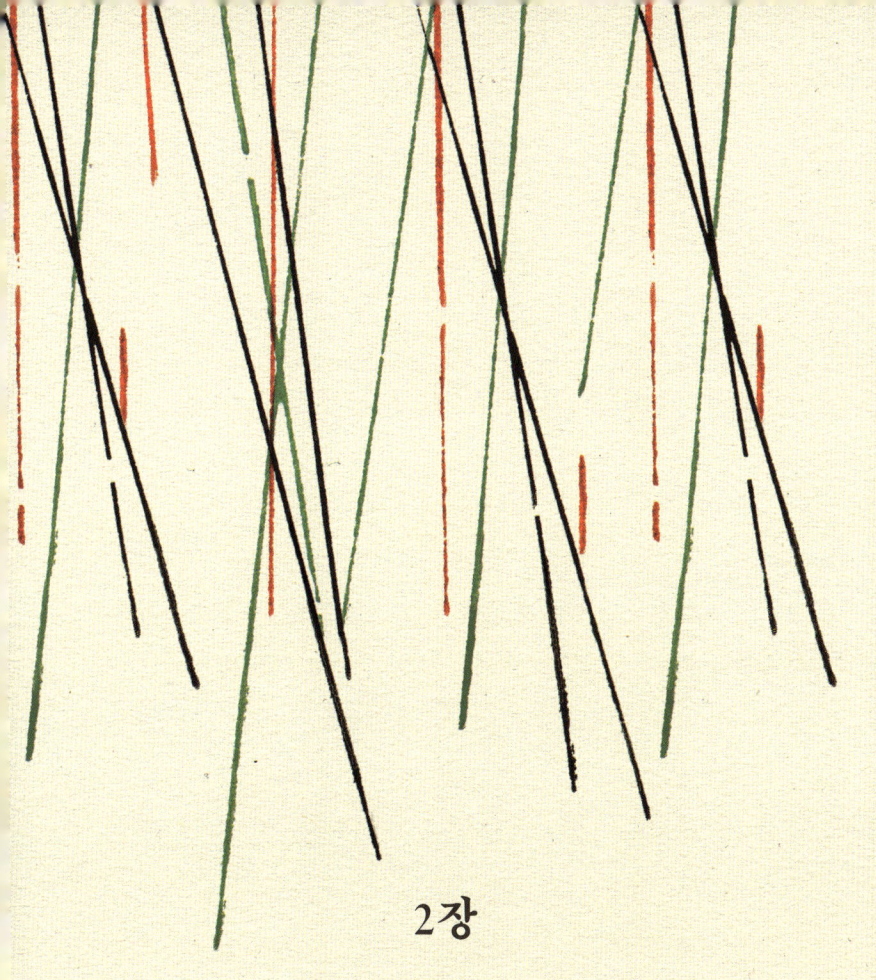

2장

기록은 나를 나로
기억해준다

마음이
배고픈 날에
대하여

인생에서 가장 힘들었던 순간을 묻는 인터뷰 영상을 우연히 본 적이 있다. 다섯 살 어린이부터 10대, 20대, 40대, 70대에 이르기까지 다양한 연령대의 사람들이 등장해 자신의 인생에서 가장 힘들었던 일을 이야기했다. 그중에서도 오랫동안 기억에 남은 답변은 어느 할머니의 말이었다.

"평생 적정 체중을 유지하는 것이 힘들었어요."

처음엔 웃음이 나왔다. 하지만 곱씹다 보니 그 말이 결코 가벼운 농담이 아니라는 걸 알게 됐다. 많은 사람들이 무의식적으로 몸에 대한 문제를 마음 깊숙이 끌어안고 살아간다는 사실을 떠올리면, 오히려 그 말이 가장 현실적인 고백처럼 느껴졌다.

나도 꽤 오랫동안 식욕에서 자유로울 수 없었다. 특히 방송국에서 아나운서로 일하던 시절엔 준수한 외모가 업무 능력 중 하나였다. 나는 먹는 것을 너무 좋아했고, 키가 큰 편이라 뼈대도 큰 편인 거 같고 다른 아나운서들에 비해 비교적 살집이 있는 편이었다. 체질량 지수는 완전히 정상 범위였지만 살을 좀 더 빼보라는 권유에 시달렸다. 키에 상관없이 55사이즈 옷을 대여해 입어야 하는 환경도 스트레스에 불을 지폈다. 아무리 날씬해진다 해도 키가 작고 체구가 가느다란 친구들처럼 옷이 넉넉하게 맞긴 힘들 거라는 자각에 다이어트 의지는 더 꺾이곤 했다.

식욕은 마치 풍선 같아서 한쪽을 억누르면 다른 쪽이 그만큼 부풀어 올랐다. 상사에게 외모에 대한 지적을 받은 날엔 며칠씩 식사를 줄이며 버텼다. 그러다 긴장이 풀리는 순간엔 참았던 욕구가 한꺼번에 터져 나왔고, 그런 날에는 어김없이 폭식을 했다.

당시엔 마른 몸이 철저한 자기관리의 상징처럼 여겨지던 시절이라 스스로를 통제하지 못하는 나 자신이 의지박약처럼 느껴졌다. 식욕을 조절하려는 시도와 실패를 반복할수록 나에 대한 실망과 혐오도 함께 쌓여

갔다. 어느새 나는 나의 몸뿐 아니라 마음까지도 미워하고 있었다.

  퇴사하고 나서야 내 몸에 대한 과도한 집착에서 조금씩 벗어날 수 있었다. 외모 관리의 타의적 의무에서 벗어나자 비로소 내 몸이 내 것으로 느껴졌다. 그간의 세월에 복수하듯 닥치는 대로 먹어 치우던 시기도 있었지만 그것도 잠시, 맹목적으로 무엇인가를 먹고 싶다는 생각은 점점 사라져갔다. 다이어트에 대한 압박과 강박이 사라지면서 저절로 폭식할 일이 줄었다. 결과적으로는 극단적으로 식탐을 억누르다가 이기지 못해 폭발하던 시절보다 훨씬 자연스럽게 몸이 가벼워졌다.

  나를 향한 미움의 크기도 서서히 줄어들었다. 전과 달리 살이 좀 찌고 빠지는 것이 내 삶에 크게 문제가 되지 않았다. 지금도 방송을 하고 얼굴이 나오는 콘텐츠를 만드는 것이 본업이지만, 강박적으로 어떤 체중이 되어야 한다고 생각하지 않게 되었다. 딱딱한 정장을 입을 일이 별로 없으니 틀에 맞추기 위해 무리하던 삶에서 벗어나 나만의 아름다움을 추구할 수 있게 된 것이다. 그사이 사회적 분위기도 많이 바뀌어서, 외모를 관리하는 게 스트레스가 아닌 자기만족이자 세상에 나를 표현하는 방식으로 느껴졌다.

그 시절 과도했던 나의 식욕은 단순한 본능이 아니었다. 마음속 어딘가에 쌓인 압박감과 스스로에 대한 혐오가 식욕이라는 형태를 빌려 터져 나온 것이었다. 별로 배가 고프지도 않은데 음식을 찾게 되는 날이면 나에게 묻는다. "뭐가 지금 가슴을 짓누르고 있니?" 하고. 그렇게 가짜 욕망 뒤에 숨겨진 진짜 감정을 찾아내서 원인을 찾아 다독이면 언제 그랬냐는 듯 비정상적인 식습관이 정상 궤도로 돌아오는 걸 느낀다.

식욕은 복잡하고 섬세한 신호다. 단순히 배고파서가 아니라 외로워서, 불안해서, 혹은 어딘가 허전해서 찾아오는 경우가 많다. 몸은 거짓말을 하지 않지만 때로는 몸을 통해 마음이 비명을 지르기도 한다. 그리고 우리는 종종 그 신호를 오해한 채 또 다른 방식으로 스스로를 몰아세운다.

무조건 해결해야 한다고 애쓸수록 마음의 짐은 오히려 더 무거워진다. 피하는 것이 무조건 비겁한 것은 아니라는 사실을, 시간이 지나야 가벼워지는 짐도 있다는 것을 이제는 안다. 몰아붙이지 않고 때로는 느슨하게 자신을 다루는 것. 그것도 충분히 용기 있는 선택이다.

쉼의 감각

언제부터인가 주말에도 온전히 쉬지 못한다. 해야 할 일의 잔상이 머릿속을 떠돌아다닌다. 가족들과 예약이 어려운 맛집에 가서도 다음 일정을 속으로 정리하느라 온전한 시간을 보내지 못했다. 일을 하지 않기로 해놓고 마음에 조바심을 품은 채 불편하게 쉬었다. 프리랜서라 정기적인 휴가가 없으니 더 그랬다. 멀리 떠나는 여행은 가끔 사치처럼 느껴졌고, 평일 하루를 쉬게 되면 당장 그날부터 약간의 죄책감이 들었다.

회사에 다닐 때는 기회가 생기면 훌쩍 떠나곤 했다. 새로운 세계에 대한 호기심과 낯선 풍경이 주는 감각이 나를 살아 있게 만들었다. 지금은 충동도, 여유도, 용기도 없어졌다. 책임져야 할 것들이 많아지면서 내가 자리를 비운 사이 혹여라도 문제가 생기거나 일이 틀어질까 봐 쉼은 늘 뒷전이 된 것이다. 하지만 여행을 좋아하든 아니든 누구에게나 현실에서 잠시 벗어나 머릿속을 환기할 시간은 필요하다. 치열한 삶의 터전에서는 쉰다고 해서 온전한 쉼을 누릴 수가 없었는데 낯선 곳에 나를 데려가 하루라도 쉬게 했을 때는 신기하게도 마음이 가라앉았으니까.

지칠 이유는 많다. 내 몫을 다하지 못했다는 자책, 나만 뒤처지는 건 아닐까 하는 조급함, 스스로를 몰아세운 끝에 남는 피로, 막연한 미래에 대한 불안함까지. 여러 감정이 한꺼번에 밀려올 때는 누구라도 지치고 만다. 그럴 때 나는 일상의 스위치를 끄듯 잠시 몸을 다른 곳으로 옮긴다. 몸이나마 피신시키자는 심정으로 건강하게 다시 돌아올 수 있도록 만드는 것이다.

번아웃이 올 거 같아 일을 그만둘지 고민하던 시기의 나에게 친구가 했던 말이 종종 떠오른다. "네가 스스로 쉬지 않으면 나중에 타의로 쉬게 되는 날이 온다"라고. 몸이 아프거나 일이 어그러지거나, 감정이 무너지는 식으로라도 멈추는 때가 생긴다는 말이었다. 들는 순간에는 나에게는 일어나지 않을 일이라고 생각했지만 사실 현실에 가까웠다. 아무리 정신력이 강한 사람이라도 인간이기에 사용할 수 있는 자원에 한계가 있다. 멈추지 않고 계속 달리다 보면 멈춰야 할 곳에서도 멈추지 못하다가 결국 넘어지게 된다.

내게 필요한 것은 거창한 전환이 아니라 틈틈이 숨을 돌릴 수 있는 시간이었다. 일을 완전히 멈추는 건 어려워도 잠깐씩 호흡할 수는 있으니까. 그렇게 한 김 식히고 다시 일상으로 돌아오면 또 한동안 힘을 내서 달릴 수 있었다. 더 이상 발급받을 수 없다는 소식에 초록색 여권을 꺼내 유효기간을 확인하다가 지나온 시간을 잠시 되짚었다. 미국을 10년간 열네 번 다녀왔는데 그중 열한 번은 출장이었다. 일로 간 여행이었지만 틈틈이 끼워 넣은 짧은 휴식 덕분에 조금은 덜 지칠 수 있었던 거 같다. 가끔 멈춰 숨 고르기를 할 수 있었기에 나는 나를 너무 멀리 보내지 않을 수 있었다. 기간이 얼마 남지 않은 여권을 다시 덮으며 또 한 번 쉼표를 찍고 싶어졌다.

누구나 멈추고 싶은 순간이 있다. 하지만 멈출 수 없

는 이유가 더 많은 게 어른의 삶이다. '지금은 안 돼'라는 말은 습관이 되었고, 그 말 아래 감각은 점점 무뎌진다. 그래서 나는 의식적으로 환기를 해주려 한다. 잠깐이라도 교외에 나가 계절의 변화가 한눈에 들어오는 풍경을 눈에 담고, 좋아하는 작가가 생전 살았다는 집을 방문하거나, 오래된 성당에 들러 말로 꺼내지 못했던 감정을 조용히 정리해본다. 나에게는 그것만으로도 충분한 여행이 된다.

지쳐서 나가떨어지기 전에 조금 일찍 나를 쉬게 하는 일. 쉬는 것도 감각이다. 그 감각을 무시한 채 앞으로만 나아가면 나만 흐려진다. 누구에게 강요받지 않고 내 선택으로 결정해서 멈췄다가 다시 일상으로 돌아오는 일. 내가 생각하는 휴식의 방식이다.

갓생이 유행하지만
나는 어쩐지 그 말에
조금 피로를 느낀다.
그래서 요즘의 내 삶에는
'시간의 주인으로 사는 삶'이라는
이름을 붙이고 싶다.

배움의
의미

최근 미국 출장을 다녀온 이후로 나는 또다시 충격에서 벗어나지 못하고 있다. 기술을 선도하는 사람들이 모인 현장에 일주일 동안 있었더니 새롭게 공부하고 익혀야 할 것들이 너무 많이 보였다. 지금과는 다른 차원에서 생각할 수 있어야만 살아남을 수 있는 세상이 이미 왔다는 것이 피부로 느껴졌기 때문이다. 급속도로 변하는 세상에 적응하면서 일어나는 일들을 이해하기에 내가 알고 있는 지식은 턱없이 부족하다. 거의 30년째 나의 숙원 사업인 영어 공부는 또 어떠한가. 아이돌의 영어 인터뷰를 듣는 것만으로도 리스닝이 된다고 자만하던 내가 부끄러울 정도로, 막상 본토에서는 입이 잘 떨어지지 않았다. 이번에는 꼭 앱도 직접 만들어보고 영어도 정복해 보자는 다짐을 미국 출장 때마다 몇 번째 반복하고 있다. 새로운 세상을 만나고 나면 새로운 것을 배워야 함을 피부로 느끼게 되고, 이렇게 시작한 새로운 공부가 내 인생의 새 장을 열어주기도 한다.

20대에는 이제 곧 공부는 끝인 줄 알았다. 시험을 보는 공부는 더 이상 하지 않게 되었지만 사실 그 후에도 나는 끊임없이 무언가를 배워왔다. 내가 학과 공부에는 크게 흥미가 없었지만 배우는 행위 자체를 좋아하는 사람임을 사회인이 되어서야 알게 되었다. 생각해보면 학생 시절에도 전공 수업보다 교양 수업을 듣는 게 더 재밌었다. 특별한 목적 없이 말 그대로 나의 교양을 위한 배움이었기 때문이었다. 지금도 학생 때 교양 수업을 신청하던 마음으로 배워보고 싶은 것들을 적어놓고 다음에는 무엇을 배울까 즐거운 고민을 한다.

주변에서는 가끔 "그것까지 하려고?"라는 반응을 보이기도 한다. 지금 하고 있는 일도 버거워하면서 새로운 걸 갈구하는 내가 실속이 없어 보일 수도 있다. 하지만 나에게는 맥락 없어 보인다고 할지라도 어떤 분야든 배워두면 언젠가 도움이 될 거라는 막연한 확신이 있다. 인생이 계획대로 흘러갈 리 없으니 언제 싹 틔울지는 모르겠지만 미리 작은 씨앗을 심어두는 것이다.

그렇게 배운 것들이 어떤 방식으로든 지금의 나에게 도움이 되고 있다. 어릴 때 피아노와 바이올린을 배웠기에 조금 더 정교하게 음악을 감상할 수 있게 되었다. 미술 학원에 다녔던 경험과 미술이론 수업을 찾아들었던 경험들이 합쳐져 미술관에서는 더 깊고 넓게 전시를 관람할 수 있었다. 집에 꽃 한 송이를 두더라도 플라워 클래스에서 배웠던 기억을 더듬어 가며 좀 더 감각적으로 꽂아두려 하고, 색채 공부를 했던 걸 바탕으로 쇼핑할 때 나에게 더 어울리는 옷을 고를 수 있다. 와인 한 잔을 마실 때도 와인 수업에서 들었던 내용을 떠올리며 땅이 척박할수록 포도는 열매에 더 집중하게 된다고 말하면서 아는 체를 해본다. 하나를 알게 되면 그만큼 내 세상이 풍성해진다. 세상을 세밀하게 이해하도록 언어를 늘려주고 나를 좋은 감정으로 이끌어주니 공부가 재미있을 수밖에.

배워서 꼭 무엇이 되지 않아도 상관없다. 내가 어떤 사람인지는 내가 당장 할 줄 아는 것이나 지금 하고 있는 일만으로 설명되지는 않는다. 오히려 내가 어디까지 보고 이해할 수 있느냐가 나라는 사람의 깊이와 넓이를 결정짓는다고 생각한다. 그러니 일을 위한 공부가 아니더라도 배움이 내 안의 무언가를 변화시키는 기분이 든다면 충분히 가치 있다고 믿는다.

영화 〈시〉를 보면 주인공 미자 할머니는 난생처음 시를 배우며 그동안 스치고 살았던 것들의 아름다움을 발견한다. 내게 배움이 그렇다. 종종 예기치 않은 순간에 나를 돕는 것. 내 안에 머물다 어느 날 슬며시 얼굴을 내밀 교양을 쌓는 거다.

살면서 누구나 한 번쯤 막막한 시기를 겪게 된다. 어떤 길로 가야 할지 모르겠고 아무것도 확실하지 않았던 시간. 그때 나는 책을 읽거나 수업을 듣고, 어딘가를 기웃거리며 배웠다. 그게 나를 실질적으로 살려줬는지는 모르겠지만 어떤 활동도 하지 않고 그저 멍하니 세월을 보내기만 했다면 나아갈 힘조차 내지 못했을 거라는 생각은 든다.

"저는 요즘 다시 수영을 배우고 있어요." 이 한마디가 어떤 멋진 자기소개보다 나를 더 잘 말해준다. 조금은 어색할지도 모르지만, 나는 이렇게 내가 요즘 배우는 걸로 나를 소개하는 게 좋다. 내 삶을 가장 잘 설명해 주는 방식이기도 하니까.

식견은 어떻게
넓히는가

고등학교 때 소설 『모순』을 처음 읽었다. 수많은 명문장 중에서 내 마음에 가장 오래 남은 구절은 주인공 안진진의 엄마가 한 말이었다. '삶에 고비가 오거나 새로운 걸 알아야 하는 시점에서 늘 책을 꺼내 들었다'라는 말. 그녀에게는 누군가를 붙잡아 일으켜줄 구원자가 없었기에 오직 책에게 길을 물을 수밖에 없었다는 고백이 유독 마음에 남았다.

나는 내가 어떤 어른이 될지 자주 상상했다. 어떤 집에 살고, 어떤 차를 타고, 어떤 음식을 먹으면서 하루를 보낼지 구체적으로 그려보곤 했다. 문제는 내가 상상하는 삶에 도달하기 위해 당장 무엇을 해야 하는지는 잘 몰랐다는 점이다. 롤 모델이 있었다면 좋았겠지만 당시 내가 꿈꾸는 삶을 실제로 사는 사람을 주변에 찾아보기 어려웠다. 어른들의 조언은 대부분 자신의 개인적인 취향을 담고 있었고 결국 열심히 살라는 말로 끝나곤 했다. 하지만 책 속에는 현실에서 못 봤던 삶이 있었다. 소설이나 위인전에 나오는 인물들에게서 '나도 저런 삶을 살 수 있지 않을까' 하는 희망을 느끼며 책을 통해 내 꿈에 형태를 입힐 수 있었다.

어른이 되고 나서는 조금 다른 이유로 책을 찾게 되었다. 무언가 막막해서 잠을 설칠 때 『모순』에 나오는 진진의 엄마처럼 책을 펼쳤다. 인간관계에 지쳤을 때는 심리학 책을, 일의 감각이 흐려졌을 땐 기획과 관련된 책을, 엄마로서 갈팡질팡할 때는 육아서를, 마음이 헝클어졌을 때는 잔잔한 에세이를 찾는다. 누군가를 만나 속마음을 털어놓고 조언을 구할 때도 있지만 누군가가 오래 고민하고 글로 옮긴 책에서 답을 찾을 때가 많았다.

생각해보면 삶의 흐름이 매끄럽지 못했던 시기에는 책과 멀어져 있었다. 잠깐 책을 펼쳐 몇 페이지라도 읽을 여유가 없다는 것은 나를 위한 시간이 없는 것과 같은 의미였다. 책 한 권, 문장 한 줄 읽지 못하는 일상을 보내고 있으니 이미 나를 돌보지 못하고 있는 셈이었다. 그런데 반대로 슬럼프를 벗어나는 루틴에는 꼭 독서가 포함이 되어 있었다. 글을 읽으면서 이성적으로 판단하고 생각하게 되기 때문에 힘들다는 감정에 매몰된 나에게서 벗어날 수 있었다.

책을 한 권 써본 다음에는 책을 대하는 자세가 또 달라졌다. 한 권의 책을 완성하기 위해 작가는 자신이 가진 거의 모든 것을 쏟아낸다는 사실을 독자일 때는 모르다가 직접 써 보면서 알게 되었다. 단순히 글만 쓰는 게 아니라 책이라는 구조를 만들기 위해서는 나의 생각을 잘 정리해야 했다. 그래서 글을 쓰면 쓸수록 나라는 사람에 대해서도 더 또렷하게 윤곽을 잡아갈 수 있었다. 읽는 사람보다 책을 쓰는 사람이 많아지고 좀처럼 진중하고 좋은 책을 찾아보기 힘들다는 말도 들어봤지만, 쓰는 과정을 한 번 겪고 나니 모든 책이 소중해졌다. 문장 하나에도 어떤 마음과 시간이 담겨 있는지 짐작하게 되면서 책이 귀해진다.

책은 나는 살아보지 못한 다른 사람의 인생이 담긴

소중한 기록이다. 누군가는 진심을 담아 자신의 세계를 책으로 써주었고 그 덕분에 나는 거기서 고민의 해결책을 찾은 적이 아주 많다. 책을 읽으며 사람을 이해했고 나를 되짚어보았으며 아직 오지 않은 미래를 상상했다. 길이 보이지 않을 때마다 책장을 넘기며 실패의 순간들을 이겨냈다.

나는 책을 믿고 그래서 여전히 읽는다. 읽고 쓰면서 삶의 결이 바뀌는 경험을 했으니 당당하게 말할 수 있다. 책 한 권으로 인생이 바뀌기는 어렵더라도 읽는 태도는 분명 삶을 달라지게 한다고.

요즘처럼 콘텐츠가 넘쳐나는 시대에 긴 글을 집중해 읽어내기는 점점 어려워진다. 짧고 자극적인 정보들이 손끝에 넘치면서 책은 점점 더 설 자리를 잃고 있다. 책은 이제 소수의 마니아가 향유하는 취미가 된 것 같기도 하다. 그럴수록 나는 더 자주 책을 읽는다. 타인의 세계에 천천히 들어가는 효율적이고도 안전한 방식. 그렇게 나는 식견을 넓히고 있다.

닮고 싶은 사람

103 "인간은 타인의 욕망을 욕망한다."

_자크 라캉

신기하게도 삶을 애정하고 정성으로 살아가는 사람들을 보면 나도 그렇게 삶을 대하고 싶어진다. 주변에 늘 본받고 싶은 사람들을 두어야겠다고 결심하게 된 것도 그 때문이다. 그들과 기분 좋은 관계를 맺는 것을 넘어 그들의 결을 닮고 싶어서다.

우연히 만나게 된 어느 여성 임원이 그런 사람이었다. 업계에서 일 잘하기로 소문난 사람인 데다 아이 둘을 키우는 워킹맘인데 한 번도 지친 기색을 보인 적이 없었다. 항상 상대방을 살피고 가볍게 말한 것들도 넘기지 않고 꼭 기억해주는 것도 인상적이었다. 뷰티 업계에 몸담고 있어서인지 항상 메이크업과 패션이 조화롭게 돋보여 외모에서조차 프로라는 느낌이 가득했다.

한 번은 여럿이서 식사하는 자리가 있었다. 역시나 화사한 모습으로 늦지도 빠르지도 않게 도착한 그녀의 두 손에는 책이 가득 들려 있었다. 모임 인원수만큼 번호 카드를 준비해 각자 고르게 한 뒤, 카드 번호 순서에 따라 책을 선물하는 이벤트를 준비한 것이었다. 덕분에 초반에 어색할 수 있었던 자리가 책 이야기로 화기애애해졌고, 그녀가 책을 많이 읽는 사람이라는 것도 간접적으로 느낄 수 있었다. 책은 부담스럽지 않은 선물인 데다가 그 책을 읽는 내내 그녀를 떠올리게 되는 효과까지 있었다. 어떤 자리에 나가기 전에 함께할 시간을 미리 상상해 보고, 내가 할 수 있는 최선의 모습을 준비한 그녀의 태도에 나를 포함해 그 자리에 있었던 모두가 감명받았을 것이다. 작은 부분까지 섬세하게 챙기는 자세가 오랫동안 마음에 남아 사람을 만날 때 나의 마음가짐을 돌아보게 했다.

그뿐만 아니라 내내 웃음이 가득했던 그녀와의 대화에서 그녀는 부정적인 말을 단 한마디도 하지 않았다. 듣기 좋은 말만 하는 게 아니라 꼭 하지 않아도 될 말은 굳이 꺼내지 않았다. 이를테면 같은 영화에 대한 이야기를 해도 "그 영화 진부하더라" 대신 "그 영화에서 어떤 배우 연기는 정말 좋았어"라고 좋은 면을 꺼내어 말한 것이다. 안목이 까다롭지 않아서가 아니라 어쩌면 그 영화를 재밌게 봤을 수도 있는 다른 사람에게 초를 치지 않으려는 배려로 느껴졌다. 단 한 번도 속으로 반발심이 들거나 인상이 찌푸려지지 않는 대화를 나눌 수 있던 비결은 긍정이었다.

그녀와 이야기를 나누고 나면 마치 좋은 기사를 읽거나 재밌는 토크쇼를 본 듯한 기분이 들었다. 늘 새로운 것을 배워보는 등 세상의 변화에 관심을 두는 사람이었기에 가능한 일이었다. 정보와 지식이 풍부하다 보니 말하는 내용마다 알차고 재밌는 것은 물론 상대가 어떤 말을 해도 이해하고 받아줄 수 있는 능력까지 갖추고 있었다. 세상에 대한 최소한의 감각을 유지하려는 모습에서 그 사람의 삶이 보였다.

태도는 말투나 말보다도 상대방을 대하는 정중한 거리감에서도 드러날 때가 있다. 그녀는 후배 직원을 대할 때도 여느 임원과는 다른 모습을 보였다. 중요한 일은 자기가 하고 덜 중요한 일은 후배에게 던져버리는 게 아니라 오히려 사소한 것은 자신이 챙기고 중요한 일을 믿고 맡긴 다음 결과물을 검토하는 방식으로 일했다. 나와 협업하는 과정에서 팀원을 소개할 때도 이름, 직급만 소개하는 것이 아니라 어떤 강점이 있는 사람인지 짚어주었다. 회의에서 모든 사람의 눈을 한 번씩 마주치며 대화를 고루 나누고 직급이나 연차와 상관없이 말할 기회를 배려했다. 그 장면이 지금도 인상 깊게 남아 있다. 사람에 대해 따뜻한 인상을 남긴다는 것은 꼭 특별한 일이 있어야 가능한 게 아니다. 함께 있는 이들을 소외되지 않게 하려는 조용한 마음이 전해질 때 자연스럽게 느껴지는 것이다.

그녀는 다른 일을 했어도 주변을 환하게 만들고 본인도 존중받고 인정받는 사람이었을 것 같다. 첫눈에도 호감이었지만 시간이 지날수록 닮고 싶은 사람, 롤모델로 내 마음에 자리 잡았다. 처음에는 단순히 좋은 사람이라고 생각하지만 시간이 지나면 내가 본 멋진 모습들은 그들이 오래 단련한 실력이자 차곡차곡 쌓아온 품격이라는 것을 깨닫게 된다. 좋은 사람을 만

나다 보면 나도 그들이 가진 좋은 생각과 습관, 건강한 욕심을 배워 결국 그들처럼 좋은 사람이 될 수 있을 것만 같다.

시간의
주인이 되기

내가 허비하는 시간 없이 하루를 어떻게 보내는지 궁금하다는 질문을 받은 적이 있다. 운영하는 유튜브 채널만 둘이고, 커머스 방송을 진행할 때도 있는데 틈틈이 책을 쓰고 육아도 한다. 그러면서도 유행하는 드라마와 웹툰도 보고 새로운 콘텐츠 흐름을 따라가는 모습에 도대체 하루를 어떻게 나눠서 사용하는지 궁금했던 것이다. 바쁜 건 사실이지만 나의 일과는 생각보다 단순하게 돌아간다. 단지 하루의 흐름을 정하고 비슷한 매일을 보내는 것이 비결이라면 비결이다.

매일 똑같은 하루가 누군가에겐 너무나 지루한 일상이겠지만, 나에겐 그 지루함이 오히려 일상을 지켜주는 버팀목에 가깝다.

피아노를 잘 치려면 매일 건반 위에 손을 올려야 하고, 외국어를 익히려면 꾸준히 듣고 말해야 한다. 삶도 다르지 않다. 매일 비슷한 하루를 성실하게 살아내는 일. 그게 결국 내 삶의 기본기를 만들어주는 것 아닐까. 생활의 리듬이 안정되면 나의 삶도 조금씩 더 단단해질 수 있을 것 같다는 믿음에서 오늘도 비슷한 하루를 선택한다.

요즘 내가 놓치지 않으려는 하루의 흐름은 다음과 같다. 육아를 하다 보니 아이의 시간을 중심으로 내 시간을 나눴다. 운동을 가지 않는 요일에는 아이를 등원시키고 되도록이면 바로 일에 돌입한다. 아홉 시부터 세 시, 오롯이 일에 집중할 수 있는 시간이 한정적이고 길지 않기 때문에 웬만하면 다른 일정을 넣지 않는다. 시간이 부족하다는 마음이 들면 가장 먼저 포기하게 되는 게 나를 위한 시간이다. 제대로 식사를 챙길 시간과 모니터 화면에서 잠깐 눈을 뗄 시간을 확보하지 않으면 나도 모르는 사이에 무리하게 된다. 그래서 한 시간 중 55분은 집중해서 일하고 남은 5분은 물을 마시거나 잠시 눈을 감는다. 아니면 가볍게 앉았다 일어서기를 20번쯤 하며 찌뿌둥한 몸을 깨운다. 열두 시부터

한 시는 무조건 점심시간으로 정해두고 열두 시에는 자리에서 일어나 근처 카페로 간다. 샌드위치나 샐러드를 사오기도 하고, 카페에서 혼자 천천히, 꼭꼭 씹어먹기도 한다. 이렇게라도 바쁨에 잠식당하지 않고 나를 지켜내야 좋아하는 일을 오래도록 계속할 수 있으니까.

처음부터 이런 방식으로 살아온 건 아니었다. 아침에 눈을 뜨면 생각나는 대로 하루를 보내는 것에 더 익숙했다. 그렇게 지내다 보니 무의미한 일정들이 빼곡히 들어와 나를 지치게 했다. 그렇게 하루하루를 흘려보내며 내가 살고 싶은 삶의 방향과 점점 멀어지는 것 같다는 생각이 들기도 했다. 그저 되는대로 시간을 보내고 그렇게 미루게 된 일은 무리해서 처리하기를 반복했다.

그러다 이사를 하며 서울을 떠나게 되었고, 아이를 낳았다. 일상의 우선순위는 자연스럽게 아이와 일로 재편되었다. 아이만 돌보며 하루를 보낼 수도 없었고 일만 하면서 하루를 다 써버리는 것도 말이 안 됐다. 친구를 만나거나 카페에 가는 일은 자연스레 줄었고, 아이쇼핑처럼 의미 없이 보냈던 시간도 의식적으로

줄였다. 프리랜서라서 일정이 유동적이지만 무작정 시간을 쓰면 아무것도 제대로 해낼 수 없다는 걸 깨달았기 때문이다. 주어진 역할이 늘어나면서 내가 맡은 일을 틀림없이 해내기 위해서는 시간을 세심하게 쪼개야 한다는 사실을 알게 된 것이다.

규칙적으로 잘 짜인 하루를 살면서 가장 크게 바뀐 것은 세 가지다. 하나는 불필요하게 버려지는 시간이 줄어들었다는 점. 분 단위로 촘촘하게 일정을 채워 넣지 않아도 오전과 오후에 무엇을 해야 하는지 알고 있으니 스마트폰을 들여다보다가 몇 시간을 훌쩍 흘려보내는 일은 많이 줄어들었다.

다른 하나는 체력 관리가 수월해졌다는 점이다. 내 몸 하나만 건사하면 되었던 이전에는 피곤하면 일을 미루고 기분이 내키지 않을 때는 쉽게 포기하기도 했다. 하지만 지금은 그런 선택이 어렵다. 내가 아프든 지치든 아이를 돌봐야 한다. 오히려 하루가 비슷한 흐름으로 흘러가게 되니 체력 소비가 일정해져서 늘 일관적인 컨디션을 유지할 수 있다. 큰 무리가 없도록 나를 평이한 상태로 유지하는 것. 그게 비결이라면 비결이다.

꾸준함도 생겼다. 특히 운동 루틴이 그렇다. 특정 시간대를 운동 시간으로 정해두고 나니 다른 일정에 변수가 생겨도 휘둘리지 않고 마음을 세팅하며 지속할 수 있게 되었다. 시간은 흘러가지만 습관은 남는다. 단단하게 굳어진 습관은 나의 변덕보다 강했다.

아무렇게나 살아도 된다고 생각하면 오히려 하루가 무겁다. 악보 없이 프리스타일로 연주하는 피아노보다, 잘 짜인 악보를 따라가는 것이 더 아름다울 수도 있다. 적어도 나의 하루는 그렇다. 나의 악보를 만들어 연습하듯 하루를 살아간다. 그리고 하루의 끝에 오늘도 무사히 보냈다는 안도감을 얻는다.

갓생이 유행하지만 나는 어쩐지 그 말에 조금 피로를 느낀다. 그래서 요즘의 내 삶에는 '시간의 주인으로 사는 삶'이라는 이름을 붙이고 싶다. 그럼 갓생을 살기 위해 얽매일 필요가 없다. 계획적으로 살면서도 넘치지는 않는 것. 시간을 스스로 선택하는 삶은, 꽤 충만하다.

기록의
온도

어린 시절 내가 가장 좋아하는 숙제는 일기 쓰기였다. 그날 하루 중에 인상 깊었던 순간을 고르고 그걸 또박또박 글로 옮기는 일이 나에게는 즐거움이었다. 그 마음은 지금까지도 이어져 나는 여전히 일기를 쓴다. 기록은 어느새 습관이자 놀이처럼 자연스럽게 내 일상에 자리매김했다. 단출한 글일지라도 조금씩 계속 쓰다 보면 지층이 쌓이듯이 나라는 사람의 겹이 쌓인다.

나는 예민하고 불안을 자주 느끼는 편이다. 사소한 일에도 걱정을 많이 하고 말로 설명하기 어려운 감정들이 종일 머릿속을 맴도는 날이 많다. 그런 나에게 기록은 일종의 정리다. 막연한 두려움도 글로 옮겨서 읽어보면 내가 만든 허상이라는 걸 금방 알아차릴 수 있다. 생각을 글로 써보면 감정과 현실을 분리해서 바라볼 수 있게 된다. 무슨 감정인지도 모를 때조차 적기 시작하면 실마리가 보인다.

무엇보다 기록 안에서 나는 누구보다도 솔직해진다. 사람들 앞에서는 분위기에 맞추느라 나를 숨겨야 하는 일이 많지만 혼자 보는 노트에 적을 때는 거친 말이 튀어나와도 되고 찌질한 감정이 적나라하게 드러나도 괜찮다. 그렇게 남에게는 꺼내기 어려운 감정을 그대로 옮겨 적을수록 말로 풀리지 않던 감정이 서서히 정리된다. 기록은 나에게 오래된, 그리고 가장 익숙한 감정 회복의 방식이다.

내가 기록하며 느꼈던 즐거움을 다른 사람들과도 나누고 싶었다. 그래서 2년 가까이 기록 모임을 운영하며 매달 100명이 넘는 사람들과 함께 일기를 써 내려가고 있다. 모임 이름은 '서록서록'인데 서록書簏은 책을 넣어 두는 궤짝이나 상자, 책을 많이 읽기는 하나 책의 참뜻을 이해하지 못하는 사람을 비유적으로 이르는 말이라고 한다. 두 가지 의미가 모두 재미있어서 이름을 이렇게 결정하게 되었다.

'서록서록'이라는 이름으로 뭉친 우리는 매일 밤 같

은 주제로 글을 쓰고 그 글을 나눠 읽었다. 글로 맺어진 따스한 연대감은 오프라인으로도 이어졌고, 회비를 모은 돈으로 자립 청소년들을 위해 기부를 하기도 했다. 그 시간은 내 인생에서 가장 뜨겁고 깊게 타인과 연결된 경험이었다. 매일 밤 쏟아진 일기 속에는 저마다 삶을 향한 애틋함이 고스란히 담겨 있었다. 누군가의 일상을 지켜보는 일이 생각보다 훨씬 큰 울림을 가져다주었다.

타인의 일기를 읽으며 알게 된 것은 그 누구도 자신의 삶을 함부로 여기지 않는다는 사실이었다. 그들의 하루를 읽고, 응원하고, 함께 지나오는 일들이 결국 나의 세계를 깊게 만들어주었다. 처음에는 내 감정을 정리하고 일상을 기억하려는 아주 개인적인 습관에 불과했던 기록이 나를 둘러싼 세계로 넓어졌다.

다른 사람의 문장에서 나를 발견하고, 누군가의 삶을 들여다보며 나를 더욱 다정하게 바라보게 되었다. 서록서록 프로젝트가 글 속에서 사람을 만나는 법을 제대로 가르쳐준 셈이었다.

요즘 기록이 다시 붐이 된 것도 어쩌면 당연한 현상인 것 같다. 잠깐 시선을 돌렸을 뿐인데 유행도, 뉴스도, 사람들의 관심도 너무 빠르게 지나가 버리는 세상에서 사람들은 느린 방식으로 자신을 지키려 한다. 기록은 순간을 붙잡기 위한 행동이면서 각자가 의미 없이 흘러가지 않기 위한 저항처럼 보인다.

쌓여가는 일기장을 바라볼 때마다 묘한 안도감이 든다. 그 안엔 시간을 견디며 한 뼘씩 자라온 내가 있고, 놓치고 싶지 않았던 순간과 그 순간을 바라보던 내 시선이 온전히 보관되어 있다.

기록은 그렇게 나를 나로 기억해준다.

인생의
본보기

117 살면서 내게 영향을 준 사람들을 떠올려보면 꼭 유명인이나 위인전에 나올 법한 누구나 아는 훌륭한 사람만 있는 것은 아니다. 직장에서 만난 선배, 친구들, 이름 모를 이웃에게도 큰 자극을 받을 때가 있다. 하지만 무엇보다 내 인생에 가장 깊은 흔적을 남긴 사람은 가까이에 있는데, 바로 엄마다. 너무 익숙하고 당연해서 대단함을 제때 헤아리지 못했던 존재. 나이가 들어갈수록 인생을 살아내는 일이 쉽지 않다는 것을 체감하면서 자주 엄마를 떠올린다. 어쩌면 나의 최종 목표는 엄마 같은 사람이 되는 것일지 모른다.

멀리서 보면 엄마는 노년에 접어든 평범한 주부다. 남다른 것이 없어 보이지만, 딸인 내가 보기에는 살아온 방식이 조금 다르달까? 지금 생각해도 어린 시절 봤던 TV 속 전형적인 엄마의 이미지와는 어딘가 결이 달랐다. 엄마는 나이와 형편을 이유로 무언가를 포기하지 않았다. 언제나 눈이 반짝반짝, 자신의 인생을 재미있게 꾸려가려는 의지가 있었다. 어릴 때는 어렴풋했는데 살아갈수록 엄마가 얼마나 커다란 사람인지 알 것 같다. 어른이 된다는 것이 얼마나 고된 일인지, 그 길을 먼저 걸은 엄마가 얼마나 대단한 사람이었는지.

엄마는 항상 무언가를 배우고 있었다. 내가 초등학생이던 시절에는 그림을 배웠는데 집에 엄마가 직접 그린 그림들이 걸려 있었다. 우리 남매가 학교와 학원에 간 사이, 집안일을 마치고 시간을 쪼개어 그림을 배울 짬을 냈다. 환갑이 넘은 지금까지도 엄마의 취미는 다양하다. 체력이 떨어지지 않도록 운동을 하고, 외국어를 공부하고, 합창단에서 종종 노래를 부르며 삶에 새로운 것을 계속 들여오면서, 고이지 않도록 스스로 물을 퍼 올린다.

엄마는 비교를 하지 않는다. 살면서 단 한 번도 엄마가 누군가와 자신을 비교하거나, 자식을 다른 사람과

견주며 말한 적이 없었다. 어릴 때부터 성적 등수에 연연하며 누군가와 경쟁하려는 기질이 있던 나였지만 커가면서 자연스럽게 나도 비교의 감정에서 멀어졌다. 곁에서 묵묵히 자신의 삶을 사는 엄마 덕분에 '나는 나'라는 감각을 배울 수 있었다. 사람은 원래 다 다르다는 것, 타인의 방식과 나를 구분 지을 줄 아는 게 얼마나 평화를 가져다주는지 엄마는 행동으로 보여주었다.

그녀의 삶도 늘 순탄하지만은 않았을 것이다. 힘든 날도, 절망적인 시기도 있었겠지만 엄마는 불평을 입에 올리는 사람이 아니었다. 어려운 일이 생기면 어떻게든 방법을 찾으려 했고 신세한탄보다 몸을 직접 움직이는 것으로 상황을 이겨냈다. 그런 모습이 우리집의 분위기를 이끌었다. 어쩌면 엄마에게도 울고 싶던 밤이 있었겠지만 내 기억 속에 그런 모습은 없다. 가장 가까운 가족에게조차 부정적인 말은 쉽게 꺼내지 않는 사람, 위기는 누구에게나 찾아오는 것이라고 믿고 다시 좋아질 거라는 생각으로 견뎌내는 사람이라서, 엄마는 한 번도 초라해 보인 적이 없었다.

무엇보다 내가 가장 좋아하는 엄마의 모습은 독립적인 면모다. 아프면 즉각 병원에 가고, 섭섭함을 느끼면 잠시 거리를 두고 감정을 추스른다. 심심하면 책을 읽고, 마음의 환기가 필요할 때는 여행을 계획한다. 그때그때 마음이 가는 대로 살아가면서 능력 밖의 일을 욕심내지 않는다. 누군가의 손을 빌리지 않고, 기대지 않으니 실망도 없다. 자기 자신에게 선을 넘지 않는 삶은 그 자체로 우아했다.

'엄마라면 지금 어떻게 했을까?' 이 질문에서 힌트를 얻어 나도 힘들다고 무작정 주변 사람에게 기대기보다 스스로 회복해 보려고 하고, 무턱대고 의지를 불태우기보다는 신중히 고르고 꾸준히 지속해 나간다.

자기 삶을 무리 없이 감당하고, 누군가에게 기댈 필요 없이 자립할 줄 아는 어른. 어떤 삶을 살아야 할까 고민이 될 때면 엄마를 떠올린다. 그리고 내 딸이 어느 날, 믿을 만한 어른을 떠올릴 때 나를 떠올릴 수 있도록 좋은 어른이 되고 싶다. 이 생각의 시작이 내 엄마라는 사실이 감사하다.

나의 집,
마음의 집

호수가 보이고 햇살이 가득 드는 집에서 음악을 틀어놓고 차를 마시는 일은 내 일상의 큰 기쁨 중 하나다. 이 집은 우리 부부가 처음으로 '정착'이라는 단어를 마음에 품고 머물기로 한 공간이다. 우리 아이에게는 세상에서 처음 만난 집이기에 내겐 그 의미가 더 애틋하게 다가온다. 그런 이유로 우리는 이 집을 공들여 고쳤다. 천장부터 바닥까지, 마감재 하나에도 나의 선택과 취향이 고스란히 담겼다. 덕분에 지금 이곳은 단지 사는 곳이 아니라 살아온 날들의 집합이자 우리 가족의 마음이 닿아 있는 곳이 되었다.

가끔 집을 둘러보다 보면 과거의 내가 보인다. '이때 내가 유난히 검은색을 좋아했네', '예산이 좀 넉넉했다면 새시는 달리했을지도', '이 실리콘 마감은 내가 직접 했어도 이보단 나았겠는데?' 생각하며 웃음이 난다. 불완전한 부분까지도 그 시절의 고민과 선택이 고스란히 남아 있어서 집은 내 삶의 흔적을 정직하게 기억하는 듯하다.

  어릴 적 나는 두 해에 한 번꼴로 이사를 다녔다. 부모님의 형편에 따라 넓은 집에서 좁은 집으로, 반대로 좁은 집에서 넓은 집으로 옮겨 다녔다. 그런 변화가 반복되다 보니 이사를 특별한 일로 여기지 않게 되었다. 오히려 2년 넘게 살게 되면 지금쯤 이사를 한 번 가야 하지 않나 싶을 정도로 나는 어딘가에 정착하는 것에 익숙지 않았다.

  새로운 동네에서 새로운 주소를 외우고, 엘리베이터 층수를 이전 집 층수로 잘못 누르는 실수도 하고, 낯선 놀이터에서 제일 재밌는 걸 찾아내는 건 힘들지 않았다. 조금 힘들었던 건 내 방에서의 시간이었다. 자려고 누워서 천장을 보면 한동안은 내 방이 너무 낯설어서 잠이 오질 않았다. 그럴 때면 괜히 외롭고 서러워져서 이불을 뒤집어쓴 채 떠나온 집을 머리에 그려보곤 했다. 창문 모양이나 커튼 색, 문고리의 감촉 같은 자잘한 디테일들을 떠올리면 괜히 마음이 싱숭생숭해졌다.

어디가 내 진짜 집인지 확신이 없던 어린 시절의 나는, 수업 시간에 '우리집'이나 '고향'을 주제로 글을 쓰라는 말을 들을 때마다 잠시 멈칫하곤 했다. 태어나서 5년 이상 한 곳에 살았던 적이 없었기에 어느 집을 우리집이라고 부르며 마음을 붙여야 할지 망설였던 기억도 있다. 언제 다시 이사를 해야 할지 모르니 이웃들과도 특별히 가까워지지 않았고 친구들과의 관계에도 언젠가 이별할 사이라는 서운한 전제가 따라붙었다.

가끔 친구들이 어릴 적 살던 집을 떠올리며 "그 집 앞마당에는 무슨 꽃이 피었고, 모퉁이에 파란 대문이 있던 집엔 무서운 할아버지가 빗자루를 들고나와 떠드는 아이들을 혼냈고, 동네 친구랑은 매일 학교를 함께 다녔지"라고 이야기할 때 나에게도 그런 곳이 있었으면 했다. 그런 기억들은 한곳에서 오래 살아본 아이들만이 가질 수 있는 것이기에. 동시에 그 아이들이 가진 '공간이 주는 정서적 보호' 같은 것이 내겐 없는 것처럼 느껴지곤 했다.

그래서인지 내가 엄마가 되었을 때 가장 먼저 결심한 일은 '오래 살 집을 구하자'라는 것이었다. 아이에게 손때 묻은 곳에서 포근하게 머무른 몇 년의 기억을 만들어주고 싶었다. 시간이 쌓인 만큼 정이 묻어나는 집. 거실 모서리에 자기가 처음 걸음마를 뗀 흔적이 있고 벽에 자라온 키를 표시한 자국이 있는 집. 나중에 이 집을 떠나야 할 날이 오더라도 무심코 지나친 복도 하나까지도 아쉽게 여길 공간을 만들어주고 싶었다. 그것이야말로 정착의 정서이자 아이에게 줄 수 있는 가장 사적인 형태의 사랑이라 생각했다.

그래서 지금의 집을 구할 때는 내 생애 가장 많은 고민과 시간을 들였다. 임신한 몸으로 서울과 지금 사는 도시를 오가며 발품을 팔았고, 입체3D 도면을 열 번도 넘게 수정하며 집의 구조를 머릿속에 그리고 또 그렸다. 단지 공간을 재구성하는 게 아니었다. 우리 가족의 미래를 설계하고, 아이가 자라날 기억의 배경을 고르는 일이었다. 언젠가 아이가 조금 더 크면 이 집에 담긴 이야기와 당시 내가 어떤 마음으로 이 집을 선택하고 꾸몄는지 한번은 꼭 말해줄 생각이다. 그 이야기가 아이의 마음 한구석에 따뜻한 향수로 남아주길 바란다.

바쁘고 분주한 삶을 당연하게 여기던 내가 이곳에서 비로소 멈추는 법을 배웠다. 창문 너머 보이는 호수의 모습, 매일 같은 자리에 흐르는 물과 빛, 조용히 반짝이는 풍경이 나를 조금씩 고요하게 만들어주었다. 그러면서 나는 이곳에 머물러도 괜찮다는 확신을 품을 수 있었다. 내 안의 소란이 가라앉으면서 타인의 말보다 나의 감각에 귀 기울이게 되었다.

이 집에는 시간이 더해질수록 더 많은 흔적이 생길 것이다. 언젠가는 낡고 오래되어 떠나야 할지도 모른다. 그날이 오기 전까지 이곳에서 나의 삶과 아이의 삶을 천천히 채워가고 싶다. 우리가 함께 자라고 뿌리내린 시간이 담긴 집, 안도감이 가득한 마음의 집으로.

나를
닮은 선택

꽤 오랜 시간 동안 나에게는 딱히 '딱 이런 사람이 되어야겠다'는 기준이 없었다. 한참 외모에 관심을 가던 때에는 외모가 멋지면 나도 멋진 사람이 되는 줄 알았다. 누군가의 청순한 긴 머리, 화려한 패션 감각, 빛나는 피부를 부러워하며 그걸 가지면 나도 그들처럼 될 수 있을 거라고 생각했다. 하지만 세상 모든 미인의 장점을 가져다가 합쳤더니 아무런 매력이 느껴지지 않는 얼굴이 되었다는 우화처럼, 다른 사람이 가진 좋은 점을 모두 가져온다고 해서 내가 완벽해지는 것은 아니었다. 다 가져올 수도 없었고, 가져온다 한들 그건 내가 아니었다.

또 어느 시절에는 가진 것이 많은 사람이 멋있다고

생각했다. 이제 시간이 지날수록 소박하고 단출한 삶이 내게 더 큰 인상을 남기곤 한다. 비싼 옷이나 잘 사는 동네의 주소지로 자신을 드러내기보다 사소한 물건 하나, 자주 가는 공간, 좋아하는 습관으로 자기 세계를 드러내는 사람. 남들과 비교하기 어려운 분위기를 가진 사람에게서 나는 조용한 힘을 느낀다. 넘칠 정도로 많이 가지지 않았기에 더 대단하다.

내가 부러워했던 사람들이 빛나 보인 이유는 겉으로 드러나는 모습이 단순히 외적인 꾸밈이 아니기 때문이었다. 그건 오랜 시간 자신을 들여다보고 선택해온 취향과 생활 방식의 축적이었다. 건강한 습관을 꾸준히 유지한 사람은 건강한 분위기를 가졌고 열심히 살아온 사람은 태도에 자신감이 배어나왔다. 갑작스럽게 만든 것이 아니라 반복된 삶에서 비롯된 당연한 결과였다. 그렇게 살아온 흔적들이 하나의 빛으로 드러난 것이다.

취향은 하루아침에 만들어지지 않는다. 무엇이든 부단히 시도하고 반복해야 자신의 것이 된다. 처음부터 자신의 취향을 알고 태어나는 사람은 없다. 세월이 흐르고 환경이 달라져도 변하지 않을 자신의 속성과 가치가 무엇인지 탐구하고, 그것을 포기하지 않고 추구하려는 진득한 태도가 있어야 비로소 취향이 완성된다. 그렇게 쌓인 것들은 자존감과 연결된다. 좋아하는 것을 확신하고 밀고 나가는 사람은 누구와 있어도 휘둘리지 않는다.

취향은 음식이나 옷, 취미에만 국한되지 않는다. 개인의 기호를 드러낸다는 점에서 삶에 대한 철학과도 일맥상통한다. 내가 어떤 것을 좋아하고 무엇을 멀리하는지에 따라 삶의 결이 달라진다. 유행을 좇으면서도 나에게 어울리는 것을 골라낼 줄 아는 힘, 모든 선택의 중심에 내가 있는지를 묻는 습관이 취향의 핵심이다. 취향은 말하자면 '나는 이런 삶을 추구하는 사람입니다'라고 말하는 무언의 표현이다.

취향은 때로 사치처럼 여겨지는데 나는 어른이 될수록 자기만의 취향 하나쯤은 있으면 좋겠다고 생각한다. 하루를 정신없이 보내면서도 내가 웃을 수 있는 건 특별히 좋아하는 무언가 혹은 내 삶에 들인 작고 소중한 것들이므로. 지친 하루 끝에 찾게 되는 음악, 영화, 차 한 잔 같은 사소한 취향들이 원래의 나로 돌아오게 만든다.

좋아하는 것을 알아도 그걸 지키며 사는 건 또 다른 일이다. 점심을 먹을 때 좋아하는 메뉴를 선택하는 것도 동료들의 눈치를 봐가며 해야 할 때가 있고, 때로는 나다운 것보다 더 경제적이거나 효율적인 것을 선택해야 할 때도 많으니까. 그래서 취향은 조금의 용기와 단단한 중심이 있어야 유지되는 것 같다.

취향이 뚜렷한 사람은 설명하지 않아도 저절로 이해되는 무언가를 갖고 있다. 외적인 멋이나 화려함이 아니라 오랜 시간 자신을 들여다본 사람만이 가질 수 있는 내면의 무늬다. 나만의 방식으로 살아도 괜찮다는 확신이 있다면, 그리고 그렇게 반복해서 행동하다 보면 언젠가는 나를 구구절절 말할 필요가 없을 정도로 나다움이 장착된 사람이 되지 않을까 기대해 본다.

요즘 나는 여전히 취향 찾기에 한창이다. 고루하다고 생각했던 클래식도 듣고, 낯선 아이돌의 신곡 무대도 찾아보며 나의 플레이리스트를 다채롭게 만들고 있다. SNS에서 난리라는 힙한 카페에서 웨이팅하는 대신 글을 쓰기에 좋으면서 눈치 보이지 않는, 적당히 붐

비고 적당히 맛있는 카페에 자주 들른다. 남의 눈에 예쁘고 좋은 것보다 나를 기쁘게 하는 것들, 마음이 편해지는 것들, 이유 없이 끌리는 것들을 점점 더 귀하게 여기고 있다. 내 취향은 그렇게 자리를 잡고 있다.

내가 사랑하는 것들이 나를 말해준다. 누가 정해준 기준이 아니라 내가 끌리는 것을 따라 살아가는 일. 무엇을 좋아하는지 알고 그것을 고르는 데 망설이지 않으며 그 안에서 기쁨을 느끼는 일. 그런 순간들이 반복될 때 나는 더욱 나다워진다.

오래
버티고 싶어서 하는
자기관리

요즘 나는 하루를 조금 더 의식적으로 살아보려 한다. 특별한 날이 아닌 평범한 날들의 반복이 결국 내 삶의 결을 만든다는 걸 서서히 알게 되었기 때문이다. 눈을 뜨면 가장 먼저 공복 혈당을 체크한 뒤, 오일풀링으로 입안을 헹구고 따뜻한 물 한 잔을 마시며 몸을 깨운다. 그다음엔 거울 앞에 앉아 얼굴을 살피며 하루를 어떤 태도로 살아가야 할지 마음을 다잡는다. 아무 생각 없이 시간의 흐름에 나를 내맡길 때보다 내 몸을 의식적으로 정돈했을 때 하루의 리듬이 훨씬 나답게 흘러감을 느낀다.

이런 매일의 루틴이 나를 단정하게 세우는 장치라

면, 한 달에 한 번씩 돌아오는 루틴은 나를 리셋하는 장치다. 방송이나 유튜브 촬영을 해야 하니 외모를 단정하게 가꾸는 것도 맡은 일을 잘 해내기 위한 노력이다. 아무리 귀찮더라도 매월 초, 어김없이 네일 손질과 뿌리 염색을 예약하고 거울을 보며 얼굴선이나 자세가 무너지지는 않았는지 자주 들여다본다. 무리하게 무언가를 하지 않고 그저 내 몸을 잘 살피는 것만으로도 더 나빠지지 않게끔 나를 여미는 효과가 있다.

일을 하다 보면 이래저래 챙겨 입고 나갈 일이 많다. 옷을 잘 차려입는 과정과 그 모습을 내 눈으로 보는 일 모두 나에겐 갑옷을 입고 세상으로 나갈 마음의 준비를 하는 일이다. 자주 손이 가는 옷을 모아보면 요즘 내가 어떤 색감과 분위기를 좋아하는지 내 취향의 흐름이 보인다는 것도 참 재밌는 사실이다. 방송을 많이 할 때는 대체로 하얗고 단정한 옷들이 내 옷장을 채우고, 몸 쓸 일이 많은 계절엔 검은색 옷을 자주 입는다. 군인들이 전투화를 반짝이게 닦는 것처럼 나도 일주일에 한 번씩 옷장을 정리하면서 나만의 전투를 준비한다.
또 매달, 한 달 동안 읽은 책과 본 영화는 각자 다른 노트에 기록한다. 오래도록 남을 문장이나 대사를 옮겨 적고, 인상 깊었던 장면에 대한 감정을 정리하면서 나를 만들 조각을 하나씩 붙여나간다. 이렇게 얻은 영감은 내 영상이나 글에 스며들기도 하고, 무언가로 쓰이지 않더라도 마음의 영양제가 되어준다.

분기마다 방의 구조를 바꾸는 것도 빠뜨리지 않는다. 촬영을 자주 하고, 그만큼 공간을 자주 들여다 보게 되니 공간에 지겨움을 느끼기 쉽다. 큰돈을 들이는 대신 책상의 방향을 바꾸거나 조명의 위치를 바꾸는 사소한 변화만으로도 새로움을 느낄 수 있다. 눈앞에 들어오는 풍경이 달라지면 생각의 흐름까지 환기되는 경험을 했다. 물리적인 공간이 고이면 마음도 고인다. 공간을 정돈하면 마음도 함께 맑아진다.

조금 유난스러워 보일지도 모르지만, 나는 사람들과의 관계도 주기적으로 점검한다. 굳이 안부 인사를 돌리거나 연락이 뜸한 사람의 번호를 지우지는 않는다. 다만 조용히 지난 약속과 대화를 떠올려보며 내가 어떤 관계를 원했고, 어떤 순간이 따뜻했는지를 새삼 떠올려 본다. 말하자면 관계의 회고록을 쓰는 것이다.

 이런 정리는 괜한 오해나 서운함이 커지기 전에 관계를 바로잡는 데도 도움이 된다. 무엇보다, 내가 관계에 임하는 마음을 돌아볼 수 있다는 점에서 삶이 훨씬 정갈해진다. 예전보다 좋은 사람들이 내 곁에 오래 머무는 것도 그 때문이 아닐까 생각한다.

 자기 자신에게 꾸준히 투자하는 사람은 쉽게 함부로 살지 않는다는 것이 내 오랜 지론이다. 하나하나는 별것 아닌 것처럼 보이지만, 나 자신에게 정성을 들이는 사소한 행동이 쌓여 결국 무의식적으로 스스로를 존중하게 만든다. 거울 속 나를 보며 '내가 나를 아끼고 있구나'라는 뿌듯함을 느끼고, 내 삶이 단정하게 정돈되어 가고 있다는 안도감도 따라온다. 자기관리를 통해 어떤 결과를 얻었기 때문이 아니라, 그 과정을 밟는 자체가 좋다. 조금씩, 눈에 보이지 않더라도 분명히 나를 더 나은 방향으로 바꾸어준다는 것을 아니까.

내 딸이 어느 날,
믿을 만한 어른을 떠올릴 때
나를 떠올릴 수 있도록
좋은 어른이 되고 싶다.
이 생각의 시작이
내 엄마라는 사실이 감사하다.

우아한 어른

버럭 소리를 지르며 입 밖으로 좋지 않은 말을 쏟아내고야 만 날이 있었다. 점원의 불친절이나 모르는 이의 무례한 말, 내 채널에 달리는 부정적인 댓글에는 어느 정도 평정심을 유지할 수 있게 되었지만 여전히 모든 일에 초연할 수는 없다. 나이를 허투루 먹은 건지, 아니면 인간이란 본래 이 정도의 존재인지 잘 모르겠다. 어쨌든 그날 내 말과 행동은 내가 되고 싶었던 우아한 어른의 모습과는 거리가 멀었다.

나는 종종 말의 온도를 잘 조절하지 못했다. 사회생활 초반에는 연차와 나이로 눌러오는 사람들 틈에서 살아남기 위해 먼저 벽을 치곤 했다. "허허, 그렇게 안 생겨서는 성격 있네!" 같은 말을 들으면 너무했나 싶기도 했지만, 그때는 그게 최선의 생존 방식이라고 믿었다. 하지만 후련함은 잠시였고 시간이 지나면 그 말들은 부메랑처럼 나를 향해 되돌아왔다. 내가 내뱉은 거친 표현에만 초점이 맞춰지면서 갈등의 본질은 흐려지고, 때로는 일방적인 비난을 받기도 했다. 어떤 이들은 내 말투 하나만으로도 거부감을 느꼈을 것이다. 그리고 생각해보면 그 또한 완전히 틀린 인상은 아니었는지도 모른다. 말이 한 사람의 세계를 담는 그릇이라면 내 세계는 경계와 분노로 가득 차 있었던 건지도 모르겠다.

말의 사전적 의미는 '사람의 생각이나 느낌 따위를 표현하고 전달하는 데 쓰는 음성 기호. 곧 사람의 생각이나 느낌 따위를 목구멍을 통하여 조직적으로 나타내는 소리'다. 그렇다면 나는 과연 생각과 느낌을 제대로 표현해 왔던 걸까. 때때로 나는 내 마음의 온도를 적절히 전달하지 못했음은 물론이고 말로 인해 오해를 산 일도 있다. 한두 마디로 길고 긴 관계를 단숨에 얼어붙게 만들거나, 악의 없이 던진 표현 하나가 상대를 아프게 하기도 했다.

정치인이 되겠다거나 시대의 롤 모델이 되겠다는 거창한 꿈이 있는 게 아니더라도 원만한 사회생활을 위한 최소한의 매너로, 말투를 고쳐야겠다는 다짐을 자주 했다. 나이가 들어서도 어릴 때 쓰던 말들을 그대로 쓰는 건 어쩐지 멋쩍은 일이다. 전성기 때의 패션 스타일을 고스란히 고수한 채 나이 든 사람이 묘하게 어색해 보이는 것처럼 말투에도 나이에 어울리는 무게감이 필요했다.

게다가 이제는 말로 나를 지키겠다는 방식은 점점 유효하지 않았다. 누구도 나를 어리다는 이유로 무턱대고 무시하지 않으며, 도리어 나의 센 표현들이 후배들을 상처 입힐 수도 있는 입장이 되었으니 말이다. 나는 어느덧 방어해야 하는 사람이 아니라 불필요한 공격을 삼가야 하는 입장에 가까워져 있다.

우리는 그동안 얼마나 많은 말에 상처받아 왔던가. 가족에게 들은 무심한 한마디, 친구가 농담처럼 던진 비아냥, 직장에서 아무렇지 않게 내뱉는 평가성 멘트들. 그땐 별일 아니라고 넘겨도 마음 어딘가엔 분명 멍처럼 남아 속앓이해본 적, 누구나 있을 것이다. 말은 칼이 아니라 도구여야 한다. 칼처럼 상대를 꿰뚫는 날

카로운 말이 아닌 닫힌 마음을 천천히 열어주는 말이 더 많은 공간을 만든다.

말을 통해 관계를 제대로 엮고 싶다. 이해와 배려를 전제로 한 대화를 하고 싶다. 말의 방향을 '나를 위한 것'에서 '우리 사이를 위한 것'으로 바꾸려고 노력함으로써 마음가짐도 이전과는 사뭇 달라졌다.

"그냥 하는 말인데 왜 그렇게 예민하냐"라고들 말하지만 '그냥'이라는 말에 담긴 무심함이 사람을 얼마나 깊게 할퀴는지 우리는 알고 있다. '예민함'도 대부분은 말하는 사람의 기준으로, 오히려 듣는 사람을 판단하는 단어로 느껴질 수 있다.

말은 결국 사람을 담는 그릇이다. 그 그릇이 꼭 예쁘지 않더라도 그 안에 담기는 진심만큼은 따뜻했으면 좋겠다. 내가 던진 말이 누군가의 하루를 조금 더 가볍게 만들 수 있다면 그것만으로도 말은 충분히 의미 있다. 이제는 내 말이 벽이 아닌 다리가 되기를, 경계가 아닌 초대가 되기를 바란다.

콤플렉스라는 그림자

어릴 때 나는 맑지 않고 저음인 내 목소리를 싫어했다. 학교에서 출석 체크를 할 때면 가나다순으로 세운 번호로 인해 최 씨인 나는 가나다순 출석부에서 항상 끝자락에 불렸는데, 이 씨인 친구들의 이름이 들릴 무렵이면 벌써 심장이 콩닥거렸다. 성대를 최대한 가늘게 조여서 "네~" 하고 대답하고 나면 식은땀이 날 정도였다. 중고등학교 시절 노래방에 가서도 노래를 잘 부르지 않았다. 내 목소리가 걸걸한 연예인 누군가 비슷하다고 친구가 농담이라도 하면 그렇게 속상할 수가 없었다. 왜 나는 또래 친구들과 이렇게 목소리가 다른지 원망스레 엄마에게 묻곤 했다. 엄마는 "네가 어릴 때 너무 많이 울어서 그래"라는 말로 웃어넘겼지만 내게는 소용없는 위안이었다.

목소리에 대한 콤플렉스가 극에 달한 건 아나운서를 준비하면서부터였다. 목소리를 그렇게 싫어하면서 어떻게 아나운서를 꿈꿨는지 지금도 모르겠다. 아마도 발성법을 배우면 목소리가 나아질 거라는 막연한 기대가 있었던 것 같다. 용돈을 모아서 성악을 전공하는 친구에게 개인 레슨을 받기도 하고, 방바닥에 누워 축구공으로 배를 누르며 복식호흡을 연습하기도 했다. 답답하게 막혀 있던 소리가 조금은 트였지만 내가 바라던 맑고 카랑카랑한 목소리는 좀처럼 나와주지 않았다.

아나운서 학원 수업 시간에는 늘 기가 죽었다. 연습용 카메라 앞에서 한 줄씩 같은 멘트를 읽고 녹화된 영상을 돌려보며 피드백을 주고받는 시간. 내 차례에는 자책부터 시작되었다.

"틀리게 읽은 건 없는데, 호흡이 급했고 목소리가 탁해서 초보 티가 납니다."

'안녕하세요' 한 마디로 당락이 갈린다던데 이 목소리로 과연 가능할까? 나에 대한 기대는 점점 낮아지고, 걱정에 눈물이 고이려고 할 때였다.

한 친구가 나를 보며 갸우뚱하더니 내 생각과는 전

혀 다른 이야기를 들려줬다.

"눈으로 뉴스를 말해주는 것 같아서 집중이 잘 됐고, 눈빛 때문에 목소리는 어땠는지 기억이 잘 안 나요. 탁한 건 맞지만 개성이 있고, 저음이라 신뢰감을 주는 것 같습니다."

나조차 한 번도 생각하지 못했던 내 목소리에 대한 새로운 관점이었다. 물론 그 말 뒤에는 발음과 자세에 대한 피드백도 있었지만 그건 거의 들리지도 않을 만큼 강력한, 처음 들어보는 칭찬이었다.

노력의 결과였는지 아니면 처음부터 나쁘지 않았던 목소리를 내가 저평가하고 있었던 건지 정확히는 알 수 없다. 하지만 단점을 뒤틀어 봐 준 어떤 이의 따뜻한 시선 덕분에 나는 더 이상 목소리를 콤플렉스로 느끼지 않게 되었다. 그리고 분명히 배운 것이 있다. 내가 단점이라 여겼던 것들은 생각보다 크거나 치명적이지 않을 수 있다는 것. 어떤 시선으로 보느냐에 따라 단점도 충분히 장점이 될 수 있다는 것. 단점을 단점으로 받아들이지 않으면 개성이 될 수 있다는 것이다.

그 이후 누군가가 나에게 '당신이 가장 좋아하는 자신의 모습은 무엇인가요?'라고 물으면 나는 주저 없이 따뜻하고 신뢰감 있는 목소리라고 말한다. 한때는 내가 제일 싫어했던 부분이었는데 지금은 내가 가장 좋아하는 부분이 되었다. 목소리를 바꾸려고 발버둥치던 시절이 있었기에 이제는 담담하게 내 목소리를 사랑할 수 있게 된 것 같다.

요즘은 편집 작업을 하느라 이어폰을 낀 채 내 목소리를 자주 듣는다. 그러고 있으면 세월이 목소리에도 스며들었다는 생각이 든다. 날카롭고 탁하다고 느꼈던 내 목소리가 조금씩 더 포근하고 단정하게 다듬어지고 있다. 내 목소리도 나처럼 살아온 시간을 닮아가는 중이다.

말은 결국
사람을 담는 그릇이다.
그 그릇이
꼭 예쁘지 않더라도
그 안에 담기는
진심만큼은
따뜻했으면 좋겠다.

기록은 나에게 오래된,
그리고 가장 익숙한
감정 회복의 방식이다.

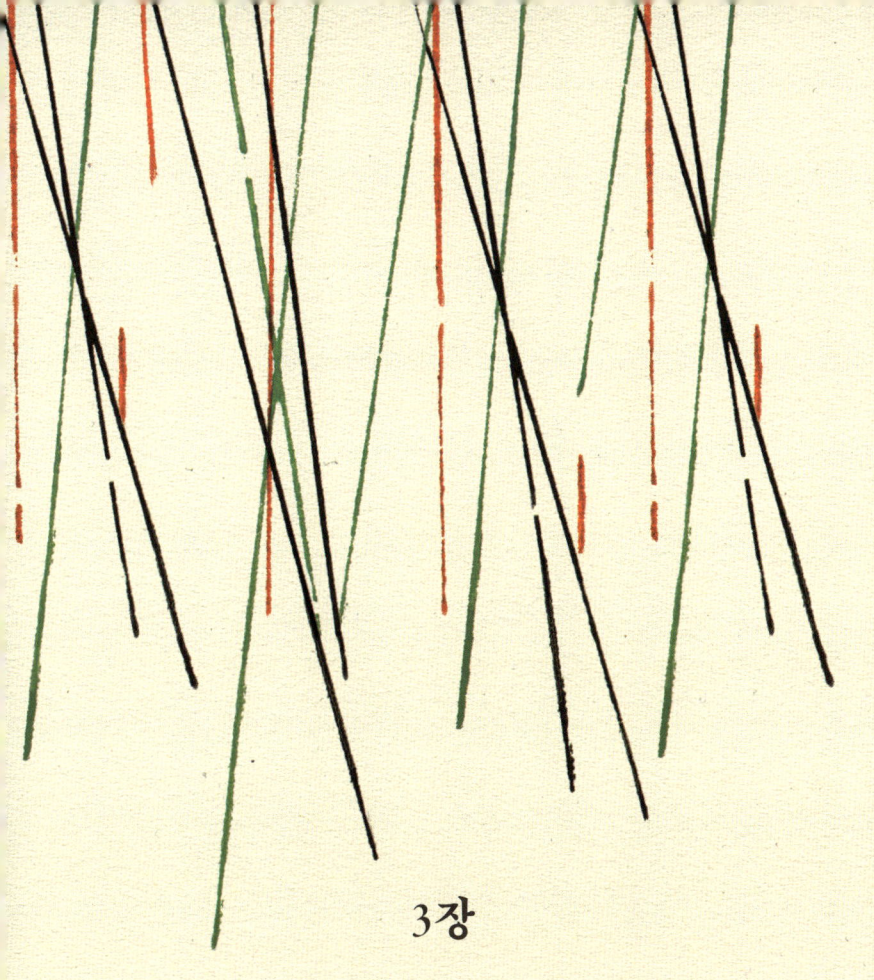

3장

누구에게나 고유한 삶의
무게가 있다

우아하게,
느릿하게

특별한 날이 아니어도 종종 내게 선물을 보내오는 지인이 있다. 수많은 택배가 문 앞에 쌓여있어도 그 상자를 단번에 알아챌 수 있다. 독특한 질감의 박스를 종이 테이프로 반듯하고 정갈하게 각을 맞춰 포장한 그 상자를 뜯을 때면 왠지 경건한 마음이 들어 자세를 고쳐 앉게 된다. 조심스럽게 상자를 열면 언제나 기대 이상의 내용물이 나온다. 물건 자체가 엄청나게 희귀하거나 값비싼 것은 아닐 때도 많다. 그러나 종이 충전재가 접혀있는 모양, 왁스 실링으로 마무리를 한 모양새에서 이미 가슴이 벅차오른다. 시간을 들여 물건을 고르고, 정성스럽게 포장하는 과정이 머릿속에 그려지기 때문이다.

나는 여느 현대인처럼 성격이 급하다. 시간은 금이라고 생각하고 어떤 문제를 빠르게 해결할 수 있다면 비용을 지불하는 것이 옳다고 믿는다. 밥을 빨리 먹다가 체하고, 걸음이 느린 친구와 함께 걷다 보면 속이 터질 것 같다. 그런데 이런 정성을 마주칠 때면 잠깐 멈추어 긴 숨을 쉬게 된다. 그 느릿하고 우아한 여유를, 한 군데에 온전한 마음을 담을 수 있는 정성을 언젠가 나도 닮고 싶다.

빠름과 편리함이 기본값이 된 지금, 우리는 무엇이든 즉각적으로 얻는다. 한 번의 터치로 책을 읽고 영상을 보며 몇 초 만에 세상의 소식을 받아들인다. 기기의 성능이 좋아져서 무거운 작업이 완료되는 시간도 몇 년 새에 급격하게 줄어들었다. 그러나 아이러니하게도 모든 것이 즉각적일수록 시간은 값진 것이 되었다.

느림과 비효율은 더 이상 결함이 아니다. 오히려 그것이야말로 차별화된 사치처럼 느껴진다. 종이책 한 권을 펼쳐 천천히 읽는 일, 손으로 글씨를 쓰는 시간, 직접 만나 대화하는 일은 이제 필요에 의해 하는 것이 아니라 일부러 선택해야만 가능한 행위가 되었다.

예전의 나는 '느리게, 정성스럽게, 수작업으로 만든다'라는 브랜드의 메시지를 그저 촌스러운 고집쯤으로 받아들였던 것 같다. 빠르고 화려하고 박진감 넘치는 것만으로도 보고 듣고 누릴 것이 가득했으니까. 그러나 세상이 너무 빨리 흘러가서인지, 아니면 이제 내가 그 속도를 따라가기 어려워져서인지, 정성과 느림의 태도가 오히려 도드라져 보이기 시작했다. 차나무의 잎을 일부러 차광 재배해서 곱게 가루 형태로 만든 말차, 한 글자 한 글자 꾹꾹 눌러쓴 편지, 사람이 깎아 미묘하게 각각의 모양이 다른 젓가락 등 사람의 느린 손이 닿아 있는 것이 귀하게 느껴진다.

빠르고 편리한 길이 있는데도 굳이 돌아가는 길을 택한다는 건, 시간을 감당할 수 있는 여유의 상징이 된다. 더 나아가 그것은 "빠르지 않으면 도태된다"라는 세상의 압박 메시지에 맞서, "그러라지 뭐" 하며 자기만의 속도를 지키겠다는 뚝심 있는 태도다.

바야흐로 효율의 시대에 맞춰 나도 모든 걸 빠르게

해치워야만 한다고 믿곤 했다. 하지만 정작 그 시간에 내가 무엇을 하는지 떠올리면 공허할 때가 많았다. 그래서 나는 요즘 들어 더 자주 느림의 가치를 곱씹는다. 오래 걸려 완성된 것, 정성을 담아서 내놓은 것, 효율로 환산할 수 없는 시간. 그것들이야말로 내 삶을 채우는 가장 사치스러운 경험이다.

꿈과 나 사이에
놓인 것

 우리는 '꿈이 뭐예요?'라는 질문을 어릴 때부터 참 많이 주고받는다. 그런데 그 질문이 종종 낯설게 느껴질 때가 있다. 인생에서 꿈은 얼마나 중요할까. 과연 꿈이라는 게 오랜 시간 변치 않고 한 사람의 가슴을 뛰게 할 수 있는 걸까.

 나는 한때 아나운서라는 꿈을 향해 앞만 보고 달렸다. 꿈을 이루지 못해 좌절도 해봤고 꿈을 이루고도 권태기에 빠져 또 다른 꿈을 찾아 헤매기도 했다. 그 시절의 나에게 왜 그걸 하고 싶다고 믿었는지, 성공한 사람을 따라 비슷한 꿈을 꾸고 있었던 건 아니었는지 솔직하게 들여다보라고 말해주고 싶다.

 이동진 영화평론가는 꿈이 없어서 그나마 덜 불행했

다고 말했다. 꿈은 이루면 너무 행복할 것 같지만 인간은 이뤄낸 모든 꿈에 필연적으로 권태를 느끼게 되어 있다는 것이다. 나 역시 살면서 꿈을 좇아야 한다는 말을 수없이 들어왔다. 열정 없이 사는 삶은 죽은 것과 마찬가지니 가슴 뛰는 삶을 살라고. 이 말이 잘못되었다고 생각하진 않지만 누가 나에게 앞으로 그렇게 살라고 하면 조금 갸우뚱하게 된다.

물론 역경을 딛고 꿈을 향해 달려가는 사람들을 존경해왔고 지금도 그렇다. 하지만 슬그머니 꿈이 정말 자기 안에서 우러나온 것이어야 의미가 있지 않을까 싶은 생각이 든다. 많은 경우엔 누군가가 멋지다고 말해준 꿈, 사회가 정해놓은 성공의 기준 속에서 고른 직업이 꿈이 된 것 같다.

사실 내가 그런 적이 있기 때문에 저 의문을 품게 되었다. 돈을 잘 벌 수 있고 사람들의 부러움을 사면서 인정받을 수 있다면 그 꿈은 틀림없이 좋은 것일 거라고 생각했다. 그렇게 고른 목표는 시간이 지나며 허상이 드러났다. 분명 처음에는 원하던 일이었는데 막상 닿고 나니 기쁘지 않았다. 처음부터 그게 나의 꿈이 아니었는지도 모른다.

막연하게 선택한 꿈은 예상치 못한 바람에도 쉽게 금이 간다. 애초에 내 안에서 자라난 게 아니라 바깥에서 끌어온 욕망이기 때문이다. 환경이 바뀌면 혹은 주변의 오지랖과 조언에 따라 꿈의 형태도 흔들린다. 나는 언제부터인가 진짜 꿈이란 실패한 다음에야 제대로 들여다보게 된다고 생각하게 되었다. 좌절해 봐야 더 선명하게 보이는 것도 있으니까.

꿈이 나를 자꾸만 지치게 하고 초라하게 만든다면 진짜가 아니기 때문일지도 모른다. 그럴싸해 보이기 때문에 선택한 것이지 정말 간절했던 것은 아닐 수도 있다. 그럴 때는 꿈이라는 단어를 머릿속에서 잠시 지워도 된다. 어쩌면 필요한 것은 꿈이 아니라 삶을 잘 살아가기 위한 현실적인 수단인지도 모른다. 꿈이 아니라면 실패해도 덜 아프고 중간에 그만둬도 자책하지 않을 수 있다.

어릴 때는 내 꿈이 무엇인지 당당히 말할 줄 알아야 한다고 생각했다. 커서 뭐가 되고 싶은지 묻는 말에 대답하지 못하면 어른이 될 준비가 안 된 것처럼 느껴지기도 했다. 그런데 점점 되고 싶은 것이 우선순위가 아니게 되었다. 그보다는 어떻게 살아야 좋을까 하는 고민을 자주 하게 되었다.

스무 살 무렵 가졌던 환상과 시간이 지난 지금의 내가 느끼는 삶의 무게는 같을 수 없다. 지금 나는 나의 방향을 조금 더 잘 알고 있고 그 방향을 조용히 믿어주는 마음이 생겼다. 반짝이는 꿈도 좋지만 반짝임에 매몰되지 않고 내 페이스대로 사는 것도 그것 나름대로 인생을 잘 꾸려나가는 방식일 것이다. 꿈이라는 말 대신 잘 지내는 하루를 선택하려는 마음. 그게 성숙이라는 단어에 더 가까운 것 같다.

하루를 잘 살아내는 일이 생각보다 큰 의미를 가진다는 걸 깨달아 가면서 나의 꿈도 변화하고 있다. 내가 바라는 삶은 부서지지 않는 내면을 가진 사람이 되는 것이다. 흔들려도 다시 중심을 잡을 수 있는 사람, 누군가에게 크게 실망해도 끝까지 미워하지 않는 사람이 되는 것이 내가 바라는 삶의 방향, 지금 나의 꿈이다.

삶의 정답이 어딘가에 있는 줄 알았지만 이제는 조금 다르게 생각한다. 성숙은 완성을 향해 가는 일이 아니라 불완전함을 받아들이는 일이다. 어떤 때는 욕심을 내려놓는 것이 용기이고 어떤 때는 멈춰 서는 것이

성장하는 방법이다. 그렇게 나는 인생을 살아가는 법을 깨우치고 있다.

보여주기식
삶

글이 잘 써지지 않는 날이면 카페에 간다. 노트북을 챙기고 평소보다 깔끔한 옷을 입는다. 창가 구석 자리에 자리를 잡고 음료를 주문한 뒤 가방 안 물건들을 하나씩 꺼낸다. 딱히 누가 지켜보는 것도 아닌데 괜히 글을 쓰는 사람처럼 보이고 싶은 마음이 들어서 나를 단장하게 된다. 그 순간을 사진으로 남기고 인스타그램에 '마감 직전. 원고 작업 중'이라고 올린다. 일종의 예고편이다. 이번에도 잘해보자는 마음을 한 번 더 다지기 위해서다.

   누군가에겐 허세로 보일지도 모르지만 내게는 이런 과정이 리추얼에 가깝다. 성실하고 집중력 높은 사람으로 보이고 싶은 마음이 나를 정말 그 자리로 데려다

준다. 쓸데없는 체면이라고 하기에는 은근히 실용적인 효과가 있다. 분위기만 잡는 것이 아니라 나를 그 분위기에 넣어두고 끝까지 가보려는 시도다.

처음에는 조금 민망했다. 그런데 연출이 아니라 내가 되고 싶은 모습에 가까워지기 위한 준비라고 생각하니 마음이 편해졌다. 잘 세팅한 자리에서 실제로 글이 술술 써졌고 마감을 하면서 다음 일정을 준비할 수 있었으니까.

한참 글을 쓰다가 집중이 흐트러질 때쯤이면 주변 시선을 괜히 의식해 본다. 오자마자 사진 찍고 한두 줄 쓰다 간 사람처럼 보이고 싶지 않아서 다시 허리를 펴고 노트북 화면을 바라보게 된다. 그렇게 강제로 앉아 작업 시간을 보내다 보면 어느새 타인의 시선을 의식하는 단계를 넘어서 집중한 나를 발견하게 된다.

나는 어떤 일을 시작할 때 떠들썩하게 알리는 것을 그다지 좋아하지 않았다. '말을 하면 이미 그 일을 한 것처럼 뇌가 착각한다'는 내용을 책에서 읽은 적도 있고, 말만 앞서는 사람이 되고 싶지 않았기 때문이다. 그런데 모든 일을 조용하게 해야 하는 건 아니라는 걸 알게 됐다. 어떤 영역에서는 특히 무언가를 지속하려면 남들에게 선언하듯 내보이는 행위가 필요하기도 했다.

나는 몇 가지를 선언했다. 매달 블로그에 달력 이미지를 제작해 올리겠다는 약속을 3년 넘게 지켰고 유튜브에 콘텐츠도 꾸준히 업로드하고 있다. 가끔 마음의 여력이 없는 시기에는 업로드하는 텀이 길어지기도 하지만 기다리는 사람이 있다고 생각하니 완전히 내려놓을 수 없었다. 운동 사진을 며칠 올리지 않으면 "서영님, 요즘 운동 안 하시나요?"라는 메시지가 오는데 고마운 재촉에 나는 다시 운동화 끈을 묶게 된다. 사람들이 나를 강제로 움직이게 만든 것은 아니지만 누군가가 나를 기억하고 기대하고 있다는 사실이 내 마음에 작은 불을 켜준다.

보여주기식 삶이 전부가 될 수는 없지만 나처럼 홀로 작업하는 시간이 많은 사람은 누군가가 나를 보고 응원한다는 상상이 큰 힘이 된다. 실체가 없는 격려라도 내 인생에 유리하게 쓸 수 있는 적당한 자극은 언제나 환영이다. 아무도 모르게 나 혼자 다짐했다면 무너졌을 의지를 지키는 방법이 되어주기에.

무엇이 되었든 나를 더 나은 방향으로 이끄는 일이라면 그 출발이 꼭 거창하거나 진지할 필요는 없다. 나를 움직이는 힘은 생각보다 사소하고 조금은 부끄러우며 아주 인간적인 데서 오기도 하니까. 의지만으로 안 되는 순간에 남들의 시선을 빌리는 것. 보여주기식이라는 단어가 갖는 부정적인 선입견을 나는 다르게 바라보기로 했다. 부끄럽지 않을 정도의 적당한 자극으로 남는다면 그걸로 충분하다.

나를 움직이는 힘은
생각보다 사소하고
조금은 부끄러우며
아주 인간적인 데서 오기도 하니까.

관계에
기대지 않기

인정하기 싫지만 나는 사람을 좋아하는 데다 모두에게 특별한 존재가 되고 싶다. 심지어 아는 사람은 모두 절친이 되어야 한다는 이상한 강박 같은 걸 오래 가지고 있었다. 나에게 속 이야기를 털어놓은 사람은 한두 번 본 사이일지라도 내 마음속에선 '친구'가 되어 있고, 까칠한 태도로 집요하게 나를 괴롭히던 선배가 사실은 해고 걱정에 잠 못 이루는 처지라는 사정을 듣고 나면 더는 미워하지 못했다.

내가 간과한 것은 상대의 마음이었다. 말하는 저도 듣는 나도 같이 눈물 흘리며 나누었던 친구의 가정사는 반 아이들 대부분이 알고 있는 단골 사연이었고, 회사 생활이 불안한 줄로만 알았던 선배는 낙하산 후배 앞에선 처세에 능한 기회주의자였다. 나에게만 보인 약한 모습인 줄 알고 혼자 친밀감을 가졌던 게 머쓱해졌다. 그들은 그냥 털어놓을 곳이 필요했고 그 자리에 내가 있었을 뿐인데 나 혼자 마음의 진도를 나갔구나.

부탁받지도 않았는데 아픈 데를 먼저 감싸주려 했던 내 호의는 종종 '이용해 먹기 좋은 호구' 또는 '선 넘는 오지랖'이라는 말로 되돌아왔다. 다른 것보다 나만 진심이었다는 사실이 뭐랄까, 굴욕적이었달까. 자려고 누우면 "쟨 우리가 친구라고 생각하나 봐"라며 비웃는 상대의 모습이 떠오르면서 분하고 서글픈 때도 있었다.

프리랜서 일을 하면서 특히 힘들었던 건 일과 사람 사이의 적정한 온도를 찾는 것이었다. 일상의 대부분을 일로만 꽉 채워 살다 보니 일 외에는 새로운 사람 만날 일이 없었다. 그 때문인지 일하다가 좋은 사람을 만나면 확 마음을 줘버리기 일쑤였다. 생각해보면 상대방은 일하는 사이니까 좋은 모습을 보이려 애썼을 거고, 일로 엮여있으니 실제 나에게 가진 감정과는 무관하게 살갑게 대했을 것이다. 나는 그저 아는 사람이니까 좀 더 일을 잘해주고 상대도 나에게 그럴 거라 믿었다. 기대가 커서인지 무언가 하나가 틀어지면 일도, 관계도 함께 망가졌다. 공과 사를 왜 구분해야 하는지 여러 관계에서 속을 끓이며 배웠다. 거리를 지키는 것은 상대방의 일에 대한 존중이자 문제의 소지를 줄여 더 오래 편하게 볼 수 있게 하는 장치였던 것이다.

살면서 내 딴에는 진심이었는데 뜻대로 관계가 잘 풀리지 않는 경험을 하고 나니 누군가를 도대체 어디까지 믿고, 내 마음은 어디까지 줘야 하는 건지 가늠하기 어려웠다. 특히나 새로운 관계를 시작할 때마다 나만 마음의 문을 활짝 여는 건 아닐까 하는 걱정이 앞서서 누군가를 알아가는 일 자체에 점점 피곤을 느끼게 되었다.

그렇다고 사람을 싫어하는 건 아니라 가만히 있으면 또 그렇게 사람을 만나고 싶었다. 인간만큼 혐오스러운 게 없다고 생각하다가도 다시 인간만큼 나에게 영감을 주는 생물체는 지구에 없음을 인정하기를 반복하곤 했다. 좋은 사람들 사이에서 행복감을 느끼는 것이 장수의 비결 중 하나라고 하던데, 오래 살기 위해서라도 반드시 다정함과 오지랖, 진심과 예의 사이에서 적정선을 찾아야 했다. 상대에게 특별한 존재가 되고 싶어 하는 것도, 사람이 좋아 내 멋대로 한 일에 고마워해주길 바라는 것도 어쩌면 너무 큰 욕심일지도 모른다.

내가 관계의 균형을 위해 찾은 방법은 '흐르게 두기'이다. 나를 대하는 사람의 감정을 좋은 방향으로 바꾸기 위해 전전긍긍하지 않고 그 사람의 몫으로 내버려두기. 호구가 됐든 오지랖이 됐든 나에게 악의가 없었고 내가 예의를 지켰다면 그 순간에 충실하도록 내 감정도 내버려두기.

그렇게 '흐르게 두기'를 연습하면서 조금씩 마음이 가벼워졌다. 예전엔 관계 하나하나에 과몰입하고 만난 사람 모두를 어떻게든 '절친'으로 만드는 것이 과제처럼 느껴지기도 했지만 지금은 어느 정도 거리를 둘 줄 알게 됐다. 세상에는 친구, 모르는 사람 이렇게 두 가지만 있는 게 아니라 나를 좋아하는 친구, 뜨뜻미지근한 친구, 그냥 지인, 일하는 사이, 관계자(?) 이렇게 다양한 빛깔의 관계가 존재한다는 것도 알게 되었다. 이걸 왜 이제야 알게 되었는지는 모르겠는데, 아마 내 사람 욕심 때문에 지금에서야 받아들이게 된 것 같다.

애써 좋은 사람이 되려 하지 않으니 오히려 자연스럽게 더 좋은 관계가 따라왔고, 눈치 보지 않으니 누굴 만나도 불편할 게 없었다. 마음을 건넨 뒤에도 그 결과에 매달리지 않으니 상처받을 일이 없어졌다.

물론 여전히 뾰족한 사람에게 찔려 아프고 서운할 때도 있지만 그 감정조차 억지로 다스리려 하지 않는다. 지금 아픈 상처도 흐르게 두면 언젠가는 지나간다는 걸 몇 번의 경험을 통해 배웠다. 관계는 내가 조절할 수 있는 게 아니라는 걸, 그 안에서 내가 할 수 있는 건 그저 내 마음을 진심으로 다 쓰고 그 이후는 흘러가게 두는 일뿐이라는 걸 이제는 조금 알 것 같다.

과감한
포기

내 이름을 걸고 무엇을 해보고 싶다는 마음. 그렇다. 내게도 사업 병이 찾아왔다. 콘텐츠를 만드는 일을 하다 보니 머릿속에는 항상 새로운 기획이 맴돈다. 게다가 신기술이나 트렌드를 현장에 빠르게 접하게 되는 일이 많아서 '이거 왠지 세상을 바꿀 것 같은데'라는 상상에 빠지곤 한다.

몇 년 전, 콘텐츠 제작을 위한 여성 스타트업 네트워킹 모임에 참석할 기회가 생겼다. 모임에 가기 전엔 정보기술IT과 관련된 신기술을 가진 회사가 대부분일 거라고 생각했다. 그런데 예상과 달리 일상의 불편을 해소하기 위한 아이디어로 사업을 시작한 사람들이 많았다. 뛰어난 기술이 아니더라도 누군가를 돕기 위한 마음이 곧 좋은 사업 아이디어가 되었다. 예술, 교육, 건강, 육아, 마케팅 등 다양한 뿌리에서 출발했지만 모두가 하나같이 사람에게 필요한 것을 만들고 있었다.

무언가 의미 있는 일을 하고 싶은 내 마음에 그들이 불을 지핀 이유도 그 때문이었다. 자기가 할 수 있는 일을 작게나마 실행하고 있다는 게 얼마나 멋진지 눈으로 확인하는 경험이었다. 꿈을 행동으로 옮긴 모습을 보며 나도 할 수 있지 않을까 싶은 생각이 들었다.

크리에이터로 살면서 막연하게 품고 있던 나의 작은 꿈은 바로 온라인에서는 연결될 수 있지만 오프라인에서는 고립되기 쉬운 이들에게 연대감을 주는 커뮤니티를 만드는 것이었다. 당장의 현실에 치여 꺼내 볼 생각조차 못 했던 꿈은 모임을 기점으로 내 머릿속을 가득 채우기 시작했다.

하지만 꿈과 사업은 엄연히 다른 성질의 것이었다. 꿈을 돈을 벌어야 하는 사업으로 만들기 위해서는 계산법이 달라야 했다. 시장조사를 하고 유사한 사례들을 찾아보며 수익과 필요성을 따져보았다. 수치로 환산되는 시장의 흐름과 내가 감당해야 할 현실 사이에서 열심히 계산기를 두드렸다.

하지만 일이 진행될수록 마음이 무거워졌다. 신선하다고 생각했던 내 아이디어들이 실은 이미 많은 사람들이 수없이 시도하고 실패해 왔던 까다로운 아이템이라는 것도 알게 되었다. 마진이 낮고 운영에 제한이 많은 구조, 고객의 니즈는 확실하지만 고객이 돈을 쓰고 싶어 하진 않는 분야. 그리고 결정적으로 내가 이 일에 하루의 몇 시간을 쓸 수 있을지 확신할 수 없었다. 사업이라는 것은 생각보다 더 많은 에너지가 있어야 하는 일이었다. 계산을 어느 정도 마치자 지금이 아니면 할 수 없을 것 같은 마음, 뜨거웠던 초심은 빠르게 식어갔다.

이 지점까지 왔을 무렵 여기서 발을 뺄지 말지를 놓고 심각하게 고민했다. 이미 주변에 새로운 사업을 시작할 거라고 알렸고 반응도 좋았기에 마음 한구석에선 희망을 놓지 못했다. 괜히 흐지부지 마무리하지 말고 망하더라도 도전해 보는 게 낫지 않을까. 시작도 안 해보고 포기하는 건 내 성향이 아닌데.

하지만 도전이라는 단어가 나를 속이고 있다는 생각도 들었다. 내 마음 저 깊은 곳에서는 이미 내가 가진

3장 누구에게나 고유한 삶의 무게가 있다

자원으로 사업을 벌이는 게 불가능함을 알고 있었다.

 창업을 한다는 건 내 일상이 그 일에 삼켜지는 걸 감수하겠다는 선언이다. 좋아서 시작했지만 생활이 되고 일이 되면 처음의 설렘과 열정은 온데간데없이 사라지고 일이 감당할 수 없는 피로로 다가올 수도 있다. 나는 아직 그럴 각오가 되어 있지 않았다.
 몇 개월 동안 거의 모든 에너지를 쏟은 정성을 무력하게 흘려보내는 기분에 미련이 올라올 때면 스스로에게 물었다. 지금 도전하는 내 모습에 취한 것인지, 일을 제대로 하는 사업가가 되고 싶은 것인지. 전자와 후자의 줄다리기가 거듭되자 그제야 진짜 내가 보였다. 내가 어떤 일에 들뜨고 어떤 일에 무거워지는 사람인지. 어떤 일은 현실적으로 가능하고, 어떤 일은 이상에 불과하다는 것도.
 만약 이 일을 시작했다면 나답게 안간힘을 쓰며 어찌저찌 해냈을 것이고, 결과와 관계없이 도전만으로도 박수를 받을 수도 있었을 것이다. 뭐가 됐든 끝까지 가보는 패기도 멋지지만 아닌 것 같을 때는 멈추는 것도 큰 용기가 필요한 일이다. 한 번 뿐인 인생 더 나은 길이 있다면 과감히 방향을 틀어야 하는 게 아닐까.

살면서 인생의 전략을 수정해야 할 때를 만나게 되는데 이 일이 그랬다. 아니라고 생각해도 비용이나 중도 포기에 대한 두려움 때문에 포기하지 못하는 경우도 많다. 마치 "이것만 빼면 좋은 사람이야"라며 나쁜 연인과 쉽게 헤어지지 못하는 심리와 비슷하다고 해야 할까. 나에게 나쁜 사람인 걸 알아도 여태까지 만났던 시간이 아깝고, 헤어지면 또 다른 사람을 못 만날 것 같은 두려움으로 관계를 꾸역꾸역 지속하는 것처럼 말이다. 관계가 그렇듯이 어떤 시도 역시 과감히 내려놓아야 할 때가 분명히 있다.

나를 알고 한 포기는 아쉬움만 남기지 않는다. 현실적인 상황에 따라 나에게 이롭고 행복한 길을 선택하는 것 또한 바람직하다. 기나긴 인생, 시도와 멈춤을 반복하며 삶의 방향을 수정하는 것도 잘 살아가려는 방법이다.

숨겨진
재능을 찾는
질문

크리에이터로 일하며 다른 일을 찾아봐야 할 때가 아닐까 싶은 한계점이 몇 번 찾아왔다.

"돈은 좋아하는 일보단 내가 잘하는 일로 벌어야 한다. 그게 프로다."

한때는 그렇게 말하며 스스로를 다잡긴 했지만 막상 '잘하는 일', 그러니까 돈이 되는 일만 하다 보면 재미가 없고 재미가 없으니 나아지는 것도 더디다. 이런 식으로 일을 대하는 태도는 금세 지루함과 권태로 이어졌고 일이 점점 지겨워지고 싫어지는 건 시간문제였다.

일과 삶을 분리하는 게 건강하다고들 말하는데, 나는 자꾸 일하는 내 모습에서 자긍심과 보람을 찾게 되었다. 좋아하면서도 잘하는 일 그리고 오래 지속할 수 있는 일은 없을까? 어느 순간부터 그 질문이 머릿속을 떠나지 않았다.

나뿐만 아니라 대다수의 사람이 좋아하는 일을 하며 살고 싶을 것이다. 나답다고 느껴지는 일을 하면서 생계를 꾸릴 수 있다면 더할 나위 없을 테니까. 하지만 대부분의 사람에게는 그런 행운이 좀처럼 찾아오지 않는다. 좋아하는 일을 찾기도 쉽지 않고 그걸 잘하게 되는 데도 시간이 걸리며, 거기다 돈까지 벌 수 있어야 하니까. 생각하면 생각할수록 조건은 까다롭고 그럼 도대체 어떻게 해야 하지 싶은 마음만 커져갔다.

그때 나는 아주 단순한 팁 하나를 떠올렸다. 바로 내가 받았던 질문들을 다시 떠올려보는 것이다.

내가 정말 잘하는 게 뭔지 모를 때 사람들에게 가장 자주 들었던 질문이 무엇이었는지를 되짚어보면 무언가 깨달음을 얻을 수 있다. 사람들은 아무한테나 질문하지 않는다. 나에게 어떤 질문이 반복됐다는 건 다른 사람들이 보기에 내가 그 분야에 뛰어난 감각이 있다고 느꼈기 때문이다.

"로봇청소기 뭐가 제일 좋아?"

"이거 사려는데 너는 뭐 써?"

"너는 물건 살 때 뭐 보고 골라?"

이런 질문을 수도 없이 들으면서도, 나는 오랫동안 그냥 '내가 먼저 경험해봤으니까' 정도로만 여겼다.

시간이 지나서야 사람들은 나의 '선택하는 감각'을 믿고 있었다는 것을 알게 되었다. 그 감각은 제품에 대한 지식과는 다른 종류의 능력이었다. 복잡한 옵션 속에서 현실적인 기준을 세우고 후회 없는 선택으로 이끄는 것. 새로운 물건에 관심이 많고 주저 없이 실험해보는 태도. 바로 그런 성향이 실은 나의 장점이었다.

좋아하는 것도, 잘하는 것도 없다고 말하는 사람들을 자주 만난다. 하지만 이미 자신이 좋아하고 잘하는 일이 삶 속에 녹아들어 있는 경우가 많다. 다만 너무 익숙해서, 혹은 별것 아니라고 여겨서 제대로 보지 못했을 뿐이다. 우리가 간과했던 질문 속에 나도 몰랐던 나의 감각, 내가 스스로 깨닫지 못한 재능과 흥미가 있다. 그걸 알아채는 순간 어렵게만 느껴졌던 '좋아하면서 잘하는 일'의 실마리를 찾을 수도 있다.

질투심을
지나며

175 질투는 감정 중에서 가장 은밀하면서도 오래 가는 감정 같다. 일상에서 질투 난다고 대놓고 말하는 경우는 거의 없지만 마음속에서는 생생하게 질투심을 느낀다. 어떤 이름을 듣는 것, 어떤 소식을 전해 듣는 것으로도 마음이 약간 불편해지는 순간이 있다. 딱히 그 사람이 나에게 해를 끼친 것도 아닌데 그 사람이 잘되고 있다는 것만으로 뒤숭숭해지는 마음, 질투다.

사실 나는 질투심이 별로 없는 줄 알았다. 남의 인생은 남의 것이고 내 인생은 내 것이라며 선을 긋는 타입이라고 믿었다. 그런데 어느 날 불쑥불쑥 얼굴을 내미는 감정이 있었다. 그 마음은 부러움보단 질투였다. 신기한 것은 질투의 대상이 아주 멀리 있는, 손이 닿지 않는 인물이 아니라는 점이었다. 내 질투의 대상은 주로 내 또래, 내 주변, 나와 비슷한 출발선에 서 있던 사람들이었다. 나랑 비슷해 보였는데 나보다 조금 앞서 있는 것 같을 때 사람을 볼 때 마음이 흔들렸다.

질투하는 이유는 상대가 가진 것이 크거나 화려해서가 아니었다. 나도 할 수 있었을 것 같은데 정작 나는 해내지 못한 데서 오는 아쉬움에 가까웠다. 질투는 내가 원하면서 아직 갖지 못한 것을 정확히 찌르기 때문에 더 깊은 감정으로 다가오는 것 같다. 그럴수록 질투를 외면하는 것보다 내가 왜 질투하는지 들여다보는 것이 더 생산적인 일이라는 것을 나중에야 알게 되었다.

처음에는 불편했다. 어떤 사람의 근황에 신경이 날카롭게 서기도 하고 괜스레 피하고 싶기도 했다. 그런데 어느 순간 생각이 바뀌었다. 저 사람이 가진 것 중에 내가 원하는 게 있다면 그걸 알게 된 것만으로도 나에 대해 더 잘 알게 된 셈이라고. 부정하지 않고 받아들이는 것이 성숙한 태도일지 모른다고. 질투심이 곧 내가 어떤 방향을 바라보고 있는지를 알려주는 표지판일 수도 있다고.

솔직하게 질투 난다고 인정하면 그때부터는 그 질투심은 날카롭게 다가오지 않았다. 가끔은 메모를 해두기도 했다. '누구의 어떤 점이 부러웠다', '나는 그걸 왜 부러워했지?', '내가 정말 그걸 갖고 싶었나?'라고 적으며 스스로를 돌아봤다. 조금 유치한 방법일지도 모르지만 천천히 되새겨 보면서 나는 내 욕망을 들여다볼 수 있어서 오히려 후련할 때도 있었다. 그리고 이런 욕망을 내 삶을 잘 꾸려가는 데 쓰겠다고 생각할 수도 있게 되었다.

비슷한 환경에 있던 사람이 갑자기 더 멀리 가버렸을 때 느껴지는 거리감이 있다. 나만 제자리에 남아 있어서 뒤처진 것 같은 착각. 그 감정이 나를 자책으로 끌고 갈 때면 내 페이스를 스스로 되짚는다. 나는 지금 어디쯤 와 있는가. 아직 가고 있는 중인 건 맞는가. 질투는 때로 속도에 대한 불안을 자극한다. 하지만 그 불안에 휘둘리지 않고 여전히 걸음을 떼고 있다는 사실을 확인하면 조금 안심이 된다. 어떤 사람은 빨리 무르익고 나는 천천히 익어가고 있는 중일 수도 있으니까.

누군가에게 질투를 느끼고 있다면 그 사람은 그만

큼 잘되는 이유가 있다고 생각하면 질투심이 완전히 사라지지는 않더라도 마음이 한결 나아진다. 세상에 거저 얻을 수 있는 것은 없다. 그 사람은 그 나름대로 고초를 겪으며 빛나는 인생이 되었을 것이고, 나는 나대로 내 인생을 살고 있다는 단순한 사실을 되짚는다. 그렇게 반복하다 보니 나의 질투심을 예전보다 훨씬 빨리 알아차리고 조절할 수 있게 되었다.

  이렇게도 생각해본다. 나는 누군가에게 질투의 대상이 된 적이 있었을까. 누군가가 나를 보며 마음이 불편했을까. 그럴 수도 있겠다는 생각이 들면서 질투가 얼마나 흔하고 인간적인지 실감하게 된다. 숨기고 싶고 부끄러운 게 아니라 그냥 누구나 갖고 있는 감정 중 하나인 것이다.

  질투심을 지워버릴 수는 없다고 생각한다. 그래서 질투를 들여다보는 연습을 더 열심히 한다. 감정이 나를 쥐고 흔들도록 내버려두지 않고, 나의 감정을 살펴보고 천천히 어루만지려고 한다. 그러다 보면 질투도 나를 좋은 방향으로 밀어주는 힘이 되어주리라 믿으며.

잘되고 싶은
욕심

첫 책을 출간한 이후 인터뷰를 자주 하게 되었다. 그때마다 빠지지 않고 받은 질문이 있었다.

"잘되는 사람들의 공통점은 뭘까요?"

아마 첫 책의 제목이 『잘될 수밖에 없는 너에게』이기 때문일 것이다. 질문은 단순했는데 대답을 고르는 데에는 시간이 조금 걸렸다. 나는 잘된다는 말을 '꽃 피우는 상태'라고 정의하고 싶다. 목표를 향해 꾸준히 가고 있다는 안도감, 그 속에서 생기는 자기 신뢰 같은 것. 그런 상태에 도달한 사람들에게는 몇 가지 공통된 태도가 있었다.

우선 영리하게 세상의 원리를 파악한다. 100미터 달리기를 할 땐 빠르게 치고 나가야 하고, 마라톤을 뛸

땐 호흡을 고르며 달려야 한다는 걸 안다. 목표에 따라 쓰는 전략이 달라야 한다는 사실을 본능적으로 이해하고 있다. 머리가 좋다거나 눈치가 빠르다는 말로 설명될 수도 있겠지만, 결국 핵심은 판단력이다. 본질을 알고 무엇에 집중하고 무엇을 걸러야 할지 빠르게 판단하며 시간과 에너지를 효과적으로 쓴다.

또, 그들에게는 모두 자기 신뢰가 있다. 나를 믿는다는 단순한 말을 실천하기란 얼마나 어려운가. 아무도 정답을 주지 않는 길을 걸을 때 나에게 의지하지 않고는 계속 나아갈 수 없다. 스스로를 믿는 태도는 선택의 순간마다 중요한 나침반이 된다.

자기 신뢰는 근거 없는 확신과는 다르다. 나를 제대로 들여다보고, 내가 무엇을 잘하고 무엇에 서툰지를 안다는 의미이다. 부족한 점을 부정하지 않으면서도 그것 때문에 나를 의심하지 않는 힘. 겉으로 보기엔 담백해 보여도 속으로는 끊임없이 나와 대화하고 조율하는 사람이 자기 길을 잘 간다. 이만하면 괜찮으니 천천히 가라는 달콤한 위로에, 아직 많이 부족하니 서두르라는 경솔한 재촉에 흔들리지 않으려면 나를 정확히 알아야 한다. 내가 봐왔던 잘되는 사람들은 내면에 믿음과 안정감이 가득했다.

 잘되는 사람의 또 다른 공통점 하나. 그들은 일이 막힐 때 왜 안 되는지 생각하기보다 어떻게 하면 될지를 먼저 고민한다. 일단 해보기 전까지는 판단하지 않는다. 다 해보고 나서도 안 되는 것은 어쩔 수 없지만, 시작도 안 해보고 포기하지 않는다. 안 된다는 판단은 다 해본 다음에야 유효한 것이다. 그 차이가 때로는 삶의 방향을 완전히 바꾼다.

 이들은 문제 앞에서 멈추기보다 다른 문을 두드린다. 되는 방법이 반드시 하나쯤은 있다는 전제에서 생각한다. 고집과는 조금 다르다. 이미 하기로 한 일이라면 최선을 다해서 해보자는 단순한 결심이다. 도중에 생각이 바뀌어 멈추는 일은 있어도 시작도 전에 가능성을 접어버리지 않는다.

 또 지겹도록 일관적인 성실함을 보인다. 이 성실함을 두 가지로 구분할 수 있다. 하나는 하루하루를 성실하게 살아내는 꾸준함이고, 다른 하나는 그 꾸준함을 오랫동안 유지하는 지구력이다.

 세상의 원리를 아무리 빨리 파악하더라도 어떤 것

도 단숨에 이루어지지 않는다. 실력을 내공으로 바꾸는 시간을 버텨낸 사람들만이 스스로를 꽃 피운다.

애덤 그랜트의 책 『기브 앤 테이크』에서는 인간관계에서 사람의 태도를 테이커Taker, 기버Giver, 매처Macher 세 가지로 나눈다. 말 그대로 테이커는 경쟁적으로 살고 최대한 가져가려고 하며 자신의 이익을 우선시하는 사람, 기버는 테이커와 정반대로 받기보다 주기를 좋아하고 타인을 늘 배려하는 사람, 매처는 두 가지 면을 다 가진 사람으로 공평하게 호의를 주고받는 사람이다. 나는 테이커가 비교와 경쟁이 심한 한국 사회에 잘 맞는 사람이라고 생각하며 살아왔다. 하지만 책에서는 소득 수준 최상위층에는 기버가 있다고 밝힌다.

한국이라고 다르지 않았다. 내 주변의 수많은 사람 중 독보적으로 잘된 사람들의 다른 공통점도 이타심이 크다는 점이었다. 살아가는 과정에 당연히 이런저런 욕심이 생길 법도 하지만 잘되는 사람들은 남을 딛고 서는 욕심은 부리지 않는다. 그들은 나의 일과 성취가 나 혼자만의 것이 아닌, 누군가에게도 도움이 되었으면 하는 마음으로 일한다. 함께 나누고 싶은 마음. 자신이 누군가에게 영향을 미치고, 그 영향이 좋은 방향으로 이어졌을 때 오는 만족감을 아는 사람이다.

마지막으로, 그들은 중간에 멈추지 않는다. 자신이 꽃 피울 때까지 기다린다. 과거엔 그걸 어디다 써먹나 싶던 특기나 기질이 콘텐츠가 되고 직업이 되는 세상이다. 변화의 타이밍과 내 역량이 맞아떨어질 때가 자신이 꽃 피울 수 있을 때다.

잘되는 사람들은 결국, 자신의 삶을 끝까지 책임지려는 사람들이다. 지금은 피어나지 않아도 언젠가는 반드시 꽃필 거라는 믿음으로 판단하고, 시도하고, 버티고, 나아간다. 그 과정엔 조급함과 비교, 때론 의심도 있지만 결국 끝까지 나를 믿고 움직이는 사람이 자신만의 타이밍에서 빛을 발한다.

잘된다는 건 운 좋게 무언가에 도달하는 상태가 아니라, 그 순간을 만들어낼 줄 아는 힘이다. 그 힘을 가진 사람만이 잘되고 싶은 욕심을 잘될 수밖에 없는 태도로 바꿔낸다.

도망친 곳에 낙원은 없다는 말

한때 '도망친 곳에 낙원은 없다'라는 말을 진리처럼 믿었다. 충분히 버티지 않고 지겨워지면 도망가고, 다른 걸 해보다가 힘들면 또 도망가는 식으로 세상을 살았을 때는 포기의 순간마다 그 말이 망령처럼 나를 따라다녔다. 단순하게 흥미가 사라졌다는 이유 하나로 등을 돌린 적도 많았다.

하나의 직업을 오래 유지하지 못한 채 이곳저곳 기웃거리던 시절, 나의 커리어를 종이에 적어 내려가다 보면 나조차도 내가 한심하게 느껴졌다. 도망쳐 나온 경력들은 서로 연결되지 못한 채 빈칸만 채울 뿐이었다. 무엇을 하든 오래 버티지 못하고 금세 회의를 느끼는 내가 너무 나약하게 느껴졌다. 특히 친구들이 한자리에 오래 머물며 차곡차곡 경력을 쌓는 것을 생각할수록 자책이 반복됐다.

그러던 어느 날, 고민에 빠진 나에게 한 대학 선배가 이런 말을 해주었다.

"예전엔 한 사람이 평생 하나의 직업으로 살다가 은퇴했지만, 앞으로는 한 사람당 평균 여섯 개의 직업을 경험하게 된대. 은퇴라는 개념도 없어질 거고. 너는 이제 겨우 한두 가지를 해본 것뿐이야."

그간의 내 선택들은 방향 전환일 뿐 인생을 더 탐색해도 좋다는 면허가 생긴 것 같았다. 그 후로는 나의 궤적을 덜 미워하게 되었고 수시로 나 자신에게 질문을 던질 수 있게 되었다. 지금 이 길이 정말 나에게 맞는가? 이 일을 하며 내 삶이 단단해지고 있는가? 만약 답이 '잘 모르겠다'라면 한 박자 멈춰도 된다는 허락을 내릴 수 있게 된 것이다.

만약 내가 지금 버티고 있는 시기가 단순히 힘든 고비라서 조금만 넘기면 실력이 되는 구간이라면 그때는 참는 게 맞다. 실제로 그런 시기를 버텨내고 난 후에 훨씬 발전한 나를 만난 적도 있다. 하지만 그게 인내의 문제가 아니라 내 몸과 마음의 고장 문제라면 이야기가 다르다. 성취감에 비해 스트레스가 너무 커서 몸이나 마음에서 신호를 보낸다면, 멈출 때이다. 오기로 버티다가 탈진해서 아예 다시는 그 길에 설 수 없게 되는 것보다 잠깐 멈추고 숨을 고르는 쪽이 현명하다.

사람들은 버티는 사람보다 도망친 사람에게 더 큰 낙인을 찍는 것 같다. 어쩌면 이 낙인은 타인의 시선이라기보다 내 안의 냉정한 판단에서 비롯된 것인지도 모른다. 버티지 못했다는 사실에 누구보다 나 자신이 실망하고 자책하기 때문이다. 하지만 중요한 건 선택의 본심이다. 내가 나를 보호하기 위해 내린 결정이었다면 그건 도망이 아니라 생존이다.

또 하나, 지금 하고 있는 일이 미래도 보이지 않고 현실적으로 생계조차 책임질 수 없다면 그 선택은 애초에 내 삶에 맞지 않는 퍼즐 조각일 수도 있다. 그때 필요한 건 인내가 아니라 전환이다. 도망이라는 단어가 주는 자괴감 때문에, 끝이 보이지 않는 길을 억지로 걷는 건 누구에게도 도움이 되지 않는다.

어떤 방향 전환은 실패가 아니라 새로운 시작이 될 수 있다. 실제로 나의 인생을 바꾼 전환점 중 많은 순간은 도망치듯 나온 자리였다. 그만두고 나서야 알게 되는 것도 있다. 그만둔 길이 나에게 어떤 고통을 줬는지, 어떤 식으로 나를 닳게 했는지. 한 발짝 떨어져야 보이는 감정과 깨달음이 있다.

"도망쳤다고 혼나는 건 인간밖에 없다."

SNS에서 우연히 본 일본 어린이의 시 한 줄이 잊히지 않는다. 다른 동물들은 도망쳐야 살아남는다. 그런데 유독 인간만 도망은 비겁한 것이라고 말한다. 물론 모든 도망을 미화할 수는 없지만 어떤 도망은 삶의 전환점이 된다는 것을 사람들이 알면 좋겠다. 새로운 곳에 낙원이 없을 수도 있지만 도망간 곳이 꼭 지옥이라는 법도 없다. 어떤 때는 도망쳐도 정말 괜찮다.

나를 망가뜨리는 상황에서 한발 물러섰기 때문에 다시 힘을 낼 수 있었던 적이 있었다. 도망이 아니었다면 아마 나는 더 상처 입었을 것이다. '도망친 곳에 낙원은 없다'라는 말은 낙원을 찾기 위한 오해일지도 모른다. 삶은 낙원을 찾기 위한 여행이 아니라 그때그때 가장 나은 선택을 해나가는 과정이므로.

도망친 곳에서 어떤 태도로 다시 삶을 이어가느냐가

더 중요한 게 아닐까. 그러니 도망 이후의 선택에 더 많은 질문을 던져야 한다. 낙원이 아니더라도 그저 조금 덜 아픈 하루가 시작된다면 그곳도 꽤 괜찮은 출발점일 수 있다.

일하는
마음

189 사람들은 종종 일이 너무 많아서 힘들다고 말한다. 일에 치이고, 시간에 쫓기고, 정신없는 하루를 반복하는 것에 지친다고. 입사 후의 내 상황은 반대였다. 하고 싶은 일은 너무 많은데, 어떤 일도 충분히 주어지지 않아 힘들었다.

취업을 준비하며 간절히 바라던 일을 어렵게 하게 되었고, 처음엔 정말 바쁘게 지냈다. 나는 내가 하는 일을 참 좋아했다. 일이 삶의 전부는 아니라고 말하면서도 일이 잘 풀린 날은 하루가 더 탄탄하게 채워지는 느낌이라 행복했다. 일은 단순한 밥벌이를 넘어 나를 키워주고 완성시켜주는 것 같았다.

하지만 행복한 시간은 오래가지 않았다. 어느 순간부터 내 자리로 들어오는 일이 줄어들기 시작했다. 짝사랑에게 차인 것처럼 일에게 외면당하는 기분이 들었다. 내가 투명해져서 아무도 나를 볼 수 없어서 나에게 일을 주지 않는 것 같았다. 결국 설 자리가 없었던 나는 내 발로 걸어나오며 다시는 누군가가 내 인생의 기회를 결정할 수 있도록 하지 않겠다고 결심했다. 주도적으로 일할 수 있는 환경을 만들고 말겠다고.

그래서였을까. 크리에이터로 독립한 뒤에는 일이 있다는 사실 하나만으로도 행복했다. 누군가 나에게 일을 맡긴다는 것, 누군가 나의 손과 아이디어를 필요로 한다는 사실이 너무 좋아서 일이 많아 벅차고 스트레스를 받으면서도 그저 감사한 마음이 들었다.

하지만 그 감사함 뒤에 중요한 질문이 빠져 있었다. 나는 '일이 있다'는 사실에만 집중했고, 어느새 '일을 많이 한다는 것' 자체가 목표가 되어 있었다. 어떻게 하면 잘할 수 있을지, 내가 왜 이 일을 하는지, 이 일을 어떻게 미래로 연결해 결국 어떤 삶을 그리고 싶은지에 대한 고민은 완전히 뒤로 밀려 있었다. 방향 없이 달리다 보니 자주 지쳤고, 한계에 부딪혔다.

작년 말 어느 인터뷰 자리에서 누군가 물었다.

"당신의 일에 대한 목표는 뭔가요?"

늘 말이 많은 나지만, 그 순간에는 입이 떨어지지 않았다. 스스로에게 그런 질문을 해본 지 오래임을 불현듯이 깨닫게 되었다. 게다가 비슷한 일을 하는 친구들은 각자의 방식으로 영역을 확장해가고 있었다. 브랜드를 만들고, 회사를 키우고, 새로운 판을 짜고 있었다. 반면 나는 여기서 제자리걸음을 하고 있는 것만 같았다. 도태되는 건 아닐까, 이 신scene에서 점점 흐려지는 건 아닐까 하는 불안이 마음 한구석에서 자라나기 시작했다.

많은 고민 끝에 결국 내 안에 남은 감정은 확신이었다. 나는 이 일을 좋아한다. 트렌드의 흐름을 가장 먼저 마주하고, 나만의 언어로 세상을 해석해 전하는 이 일. 좋아하는 일을 만난 것만큼 행복한 인생이 또 있을까? 이제는 단순히 '많이 일하고 싶다'가 아니라, '오래도록 잘하고 싶다'는 마음이 생겼다.

그 마음을 현실로 만들기 위해 지금 나는 작은 목표들을 다시 세우고 있다. 내 색깔을 더 또렷하게 만들고 여기에서 꼭 필요한 사람으로 자리잡기 위해 천천히 방향을 그려간다. 일이 없던 시간을 지나오며 나는 내가 진짜 좋아하는 일이 무엇인지 더 선명하게 알게 되었다.

예전엔 일이 그저 먹고살기 위한 수단이라 여겼다. 하지만 지금 돌아보면, 그 시간이 내 인생을 가장 뜨겁게 빚어준 시기였다는 걸 안다. 만약 그런 시간이 없었다면, 나는 지금과는 아주 다른 모습이었을 것이다.

그래서 나는 여전히 일하는 지금의 내가 좋다. 그리고, 이만큼 나를 키워준 일이 참 고맙다. 비록 모든 일이 나를 설레게 하는 것은 아니지만, 그래도 나는 아직 일에게 진심이다. 언젠가 다시 그 짝사랑이 통할 날이 오기를 바라며, 오늘도 카메라 앞에 선다.

관계는
내가 조절할 수 있는 게 아니라는 걸,
그 안에서 내가 할 수 있는 건
그저 내 마음을 진심으로 다 쓰고
그 이후는 흘러가게 두는 일뿐이라는 걸
이제는 조금 알 것 같다.

변화를
품는 일

어느 날, 지인이 내게 말했다.

"눈부시게 성장한다는 말이 뭔지 언니를 보면서 배웠어."

처음엔 조금 의아했다. 이 친구의 주변에는 나보다 훨씬 성공해서 이름만 들어도 온 국민이 다 아는 사람도 많았기 때문이다. 그런데 왜 나를 떠올렸을까.

"다른 사람들은 발전했다기보다는 그냥 발견된 느낌이었거든. 원래 그런 사람이었는데 세상이 몰라봤는데 어떤 계기로 갑자기 주목한 거지. 근데 언니는 시간이 지날수록 뭔가 더 깊어지는 것 같아."

그 말을 듣고 나는 생각에 잠겼다. 요즘은 변화하는 사람보다 처음부터 잘난 사람을 더 선망하는 시대다.

아이돌의 실력보다 부모의 직업이 검색어에 오르고 성공한 사람의 노력보다 타고난 배경이 회자되는 일이 많다. 성공이 결과가 아닌 시작점에서 결정되는 것처럼 느껴질 때도 있다.

나 역시 어릴 땐 부모님의 직업과 경제력을 바탕으로 주변의 기대를 듬뿍 받은 친구들이 부러웠다. 실패해도 다시 일어날 수 있는 환경이 부러웠고 세상이 열려 있다고 자연스럽게 믿는 그들의 낙천적인 태도가 신기했다. 그들 옆에 서 있으면 나는 몇 년은 뒤처진 사람 같기도 했다.

불공평한 출발선, 인정받지 못한 과거. 예전엔 그런 것들이 나를 약하게 만든다고만 생각했다. 그래서 열등감에 예민하게 반응하곤 했다. 하지만 시간이 지나면서 생각이 바뀌었다. 상처는 반드시 약점일까? 어쩌면 그게 나를 가장 나답게 만든 요소는 아닐까? 나에게는 특별히 눈에 띄는 재능이 없었기에 그래서 더더욱 변할 가능성을 믿는 수밖에 없었다.

누군가는 상처를 평생 들여다보며 멈춰 있지만, 누군가는 그 자리를 털고 일어나 상처에 새살을 돋우며 또 걸어가지 않는가. 미국의 방송인 오프라 윈프리는 어린 시절 학대를 겪었고, 화가 프리다 칼로는 평생 통증 속에서 살았지만 그들은 고통을 피하지 않았다. 오히려 그 안에서 자신만의 깊이를 만들어냈다. 그리고 누군가에게 용기를 주는 사람으로 자라났다. 상처나 콤플렉스, 그리고 부족한 나를 정면으로 마주할 수 있다면 누구도 흉내 낼 수 없을 정도로 단단해질 수 있다. 나는 그걸 믿는다.

또 나이를 먹을수록 좋은 조건 속에 살아가는 사람들의 삶이 언제나 가볍거나 편안한 것만은 아니라는 것도 알게 되었다. 겉으론 완벽해 보여도 누구에게도 차마 말 못 할 외로움과 아픔을 품고 사는 사람도 많다. 결국 누구에게나 고유한 삶의 무게가 있다. 누군가는 더 무겁고, 누군가는 조금 덜할 뿐 어떤 인생도 쉽게 저절로 흘러가지 않는다.

인생이 완전히 평등하지 않다고 해도 노력과 선택이 아예 무의미하진 않다. 누구에게나 반전의 가능성은 있다는 사실 하나만으로도 살아볼 만하다.

변화할 여지가 남아 있다는 것은 여전히 자라날 수 있다는 뜻이니까. 불완전함 앞에 자주 주저앉고, 모자람에 부끄러울 때도 있지만 그 모든 순간을 내 삶의 일부이자 성장 과정으로 받아들이면 조금이나마 마음이 가벼워진다.

한결같음의
힘

친구 A를 오랜만에 만났다. 반가운 인사보다 먼저 눈에 들어온 것은 그녀의 손바닥에 생긴 굳은살이었다. 웨이트 트레이닝을 4년 넘게 하고 있으며 관련 자격증까지 땄다는 말을 듣고 솔직히 놀랐다. 운동을 습관으로 만든다는 건 생각보다 쉽지 않다. 나 역시 여러 번 도전 끝에 이제야 겨우 정착해 가고 있었기 때문이다. 운동을 그렇게 오래 이어온 비결이 뭔지 물었더니 돌아온 대답은 의외로 간단했다.

"무리하지 않으면 돼."

처음에는 헬스장에 가서 스쾃 열 개를 하는 것부터 시작했다고 했다. 그리고 매일 한 개씩 늘리는 방식으로 운동했다. 하루에 한 개쯤은 누구나 더 할 수 있으니까. 그렇게 조금씩 늘려가다 보니 1년쯤 지나서 몸이 변하고 4년이 지나서 생활스포츠지도사 자격증까지 따게 된 거란다. 나도 건강관리를 위해 여러 운동을 해봤기에 그게 얼마나 힘든지 안다. 지금은 운동하는 습관이 어느 정도 내 루틴으로 자리잡았지만 한때 웨이트 트레이닝, 필라테스, 골프 등에 빠져 하루에 몇 시간이고 이어서 무리해 운동하다가 질리면 쉬어가기를 반복했었다. 내가 이런저런 운동을 바꿔가며 결국 제자리걸음을 하고 있을 때 친구는 하루에 한 시간씩 같은 운동을 한 것이다. 그것도 4년 동안.

친구를 보니 한결같음의 저력이 뭔지 알 것 같았다. 그녀에게는 처음부터 대단한 목표가 있었던 것도 특별한 기술이 있었던 것도 아니었다. 단지 자신이 할 수 있는 만큼을 꾸준히 했다는 것. 밋밋하고 지루할 수도 있는 운동을 매일 해서 결국 근력과 자신감을 얻었고, 무엇보다 본인 스스로가 자기 삶을 자랑스럽게 여길 수 있게 되었다.

머리로는 꾸준함이 중요하다는 걸 안다. 하지만 조급함이 늘 나의 발목을 잡았다. 무언가를 시작할 때는 당장 성과가 보이길 바라고 작은 변화에도 빨리 보답받고 싶어 했다. 다이어트를 시작하면 냉장고를 싹 정리하고, 음식은 최소한으로만 먹으며 한 시간 이내라면 어디든 걸어다니려고 했다. 처음 3일을 그렇게 참으며 보내다가 4일 차가 되면 어김없이 단 음식의 유혹에 넘어가 손을 댔고, 그러는 동안 하루에도 두세 번씩 체중계에 올라갔다. 빠른 결과를 기대한 탓에 자책만 깊어졌다.

그럴수록 욕심을 줄이는 연습이 필요했다. 밥은 그대로 먹되 콜라를 탄산수로 바꾸는 정도의 여유가 필요했다. 무엇이든 한 번에 바꾸려 하지 않고 조금씩 생활 안에 스며들게 두는 방식이 나에게 힘을 줬다.

빠름을 추진력이라고 착각한 적이 많다. 마감 직전의 폭발적으로 집중해 글을 쓸 수 있는 것처럼 단기간에 몰입하면 뭐든 해낼 수 있을 것 같았고 실제로 그렇게 진행된 일들도 있었다. 그러나 나중에 남는 것은 허탈함이었다. 숨 고를 틈 없이 달려갔으니 무너지는 시점도 빠르게 찾아왔다. 그 시점을 지나 다시 시작하려면 훨씬 큰 용기가 필요했다. 그래서 이제는 오래가는 마음을 어떻게 만드는지에 더 신경을 쓴다. 그게 내 생활에 들이고 싶은 추진력이다.

일도 마찬가지다. 벼락치기로 처리한 일은 겉보기에 완성됐지만, 정작 나 자신은 그 과정에 만족하지 못했다. 그걸 알게 되면서부터는 작은 것부터 시작하고 오래 들여다보려고 하고 있다. 더불어 지루해지지 않도록 속도를 조절해 나가는 연습을 하고 있다. 그렇게 조금씩 반복해 가는 일상들이 어느 순간 나의 리듬으로 정착하게 되고 그 리듬이 나를 다시 움직이게 만든다.

우리에게 필요한 것은 지루해진 순간에도 계속 나아갈 수 있는 힘 아닐까. 서두르지 않으면서 멈추지 않는 것. 걷듯이 달리는 슬로우 러닝처럼 말이다. 당장은 느리고 부족하더라도 하다 보면 언젠가 내가 원하는 길에 도착해 있으리라 믿으며.

그만두고 나서야
알게 되는 일도 있다.
그 길이 나에게
어떤 고통을 줬는지,
어떤 식으로
나를 닳게 했는지.
한 발짝 떨어져
보지 않으면 모르는
감정과 깨달음이 있다.

어떤 도망은
삶의 전환점이 된다.

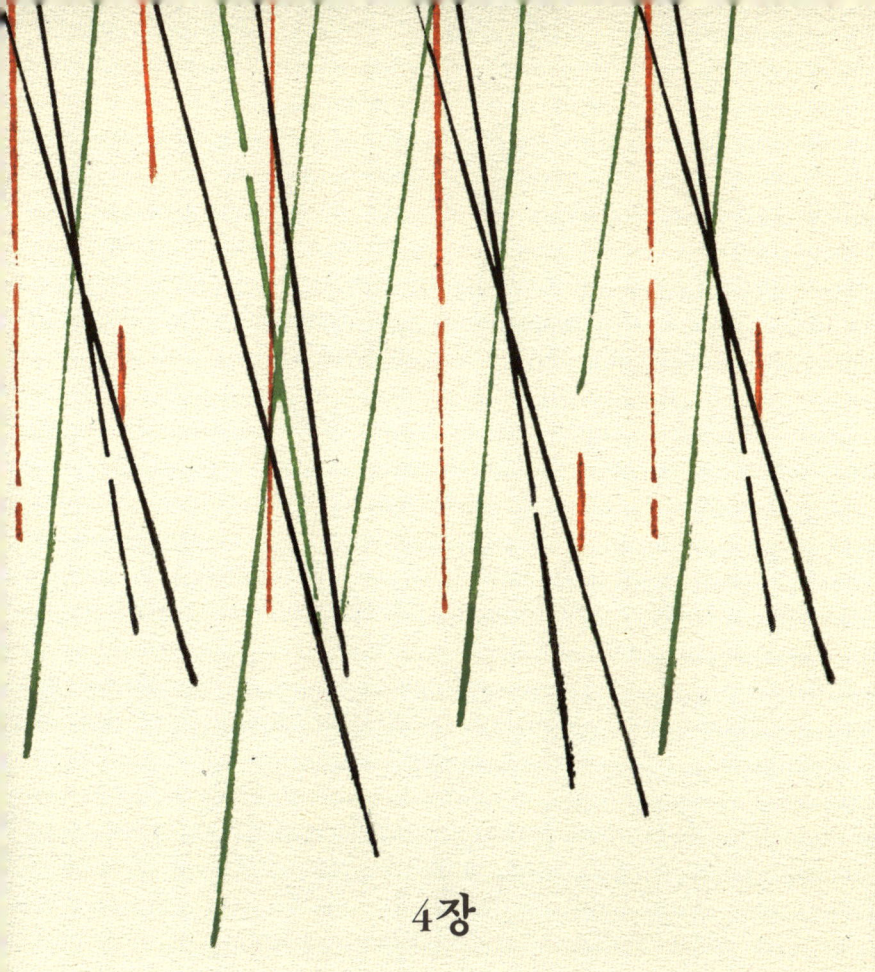

4장

받은 것보다 조금 더 많이 주며
살아가고 싶다

행동으로
증명하는 사람

"사랑은 무성영화처럼 하는 거래."

오랜 사랑을 끝마친 친구에게 어떻게 마음을 정리할 수 있었는지 물어보자 돌아온 대답이다. 대사 없이 움직임만으로도 알 수 있는 게 사랑이라는 말이었다. 소리를 끄고 그 사람의 행동을 보면 진심이 보인다고. 소리를 빼고 보니 달콤하게만 느껴졌던 관계가 말뿐이었음을 깨달았다고 했다. 그녀는 영원한 사랑을 말했지만 중요한 순간에 자신을 헷갈리게 행동하는 사람을 이제 그만 사랑하기로 했다.

무성영화 보듯 봐야 하는 게 어디 사랑뿐이겠는가. 사람, 인생, 일 등 거의 모든 것이 그렇다. 눈과 귀를 매혹하는 것을 걷어내야 비로소 본 모습이 선명하게 보일 때가 많다.

　우리 아버지는 지금과는 다르게 내가 어렸을 때는 꽤 투박하고 무뚝뚝한 사람이었다. 그 시절 아버지들이 그러하듯 조금은 가부장적이었고 화가 나면 그대로 표현하시곤 했다. 나에게 아빠는 좋지만 무섭기도 한 존재였다. 현장에서 일하는 분답게 엄마에게도 앞뒤 설명 없이 단호하게 말할 때가 많았다. 하지만 아빠의 눈은 항상 엄마의 뒷모습을 따라갔는데, 그 눈빛이 그렇게 달콤할 수가 없었다. 혹시 엄마가 실수로 물건을 놓치기라도 하면 어느새 날아온 아빠의 손이 그걸 받아냈고, 엄마가 재채기를 하면 티슈 상자를 쓱 밀어 주기도 했다. 항상 바라보고 있지 않았다면 불가능한 배려였다. 내 앞에서 서로에게 사랑한다는 말은 한 번도 하신 적 없는 부모님이지만 이런 행동을 보며 나는 아빠가 엄마를 정말 사랑하고 있다고 굳게 믿게 되었다.
　지나치게 친절하거나 능청스럽게 굴었던 사람들은 막상 함께 일해보면 실력이 부족할 때가 있었고, 말수는 적지만 일을 묵묵히 해내는 사람은 늘 결과를 보여줬다. 그렇기에 말보다 행동이 먼저인 사람은 한 번 그 사람의 진심을 알게 되면 다음부터는 의심 없이 신뢰하게 되지만, 말이 먼저 나가거나 말한 것을 잘 지키지 않는 말뿐인 사람에게는 진득하게 정 붙이기가 어렵다.

잡지사에서 피처 에디터로 일하는 한 선배가 이렇게 말했다.

"대학의 초청으로 강연을 가서 만난 학생들이 나한테 장래 희망이 에디터래. 피처 에디터가 되려면 뭘 어떻게 무엇을 준비해야 하냐고 물어봐. 그래서 내가 여태까지 쓴 글을 가져와 보라고 하면 다들 말이 없어져. 에디터가 되고 싶다면서 어떤 글도 안 써본 거야. 그냥 하고 싶은 마음만 말한 거지. 그러면서 자신이 꿈을 향해 달리고 있다고 여겨. 소설가가 되고 싶으면 되고 싶다고 말할 게 아니라 소설을 써봐야지. 가수가 되고 싶으면 노래를 이미 연습하고 있어야 하는 거고."

냉정하지만 반박할 수 없는 말이었다. 나도 의욕이 앞서 말이 행동보다 먼저 나가는 시기가 있었다. 그때는 내 꿈이나 다짐 같은 걸 입으로 내뱉고 나면 마치 내가 행동하고 있는 것처럼 고무되곤 했다. 하지만 결과는 어떠한가. 드라마 작가가 되고 싶다면서 대본을

한 회도 완성하지 못한 나, 부자가 되고 싶다면서 즉흥적으로 소비했던 나, 건강을 챙기겠다고 다짐하면서 오늘도 야식을 시킨 나. 하고 싶다는 말은 결국 하고 있지 않은 나에 대한 일종의 자기 위안이었을 뿐이다. 행동하지 않은 말은 시간이 흐르며 낡아질 뿐이었다.

내가 실없다고 생각한 모습의 사람이 되는 건 참 자존심 상하는 일이었다. 내가 다짐한 것들을 스스로도 믿지 못하는 나를 견딜 수 없어서였을까. 언젠가부터 나는 행동에 앞서 말하지 않으려 애쓰고 있다. 누군가는 나를 무성영화 보듯 보고 있을지도 모르니.

헤맨 만큼 내 땅이라는 말이 있다. 결국 말이 아닌 행동이 그 사람을 만든다. 작은 발걸음들이 쌓이다 보면 누구에게 설명할 필요 없는 온전한 내가 만들어진다. 계속 그런 사람이 되고 싶다. 말없이 움직이며 자신을 증명해 내는 사람.

허리 펴고
입꼬리 올리고

퇴근길마다 떡볶이와 초콜릿을 사서 집에 들어간 시기가 있었다. 불을 끄고 커튼을 닫은 채 대사가 잘 들리지 않는 미국 드라마를 틀었다. 잔뜩 음식을 먹고 배부른 몸으로 누워 화면에 몰입하면 현실이 서서히 멀어져갔다. 그렇게 해서라도 잠깐이나마 고통을 잊으려 했다. 나를 괴롭혔던 것은 '이 회사가 아무리 괴로워도 난 이 회사 아니면 갈 곳이 없고, 나를 찾는 회사는 어디에도 없을 것'이라는 체념이었다. 스스로를 가두고 있었던 것이다.

퇴근 후의 소중한 시간을 자포자기하듯 흘려보내는 게 어느 순간부터 일상이 되었고 그 일상은 나를 잠식했다. 처음에는 스트레스를 풀려고 했던 일이 어느새 나를 저녁 시간을 무의미하게 보내는 사람으로 만들어 버렸다. 나는 내게 닥친 문제들을 해결할 수 있으리라는 생각조차 하지 못한 채 하루하루 병들어갔다.

불안과 무기력이 오랫동안 이어지자 어느 순간 숨이 쉬어지지 않았다. 시도 때도 없이 호흡곤란이 왔고 사람이 많은 공간에서는 세상이 빙글빙글 도는 느낌이 들었다. 바로 치료해야 한다는 걸 알면서도 그조차 할 수 없을 만큼 몸과 마음이 다 무너져 있었다. 한편으로는 힘들다고 말하는 것이 왠지 지는 것처럼 느껴졌기 때문에 이를 악물고 버텨보려 했던 것 같다. 또다시 숨이 막히던 날 결국 병원을 찾았고, 그곳에서 나이 지긋한 의사 선생님을 만났다. 그녀는 내 얼굴을 한참 바라보더니 조용히 말했다.

"사람이 계속 힘들다고만 하면서 누워 있으면 정말 계속 누워 있게 돼요. 젊은데 뭐가 무서워요?"

그 말을 되새기다 보니 내 안의 어떤 단단한 매듭이 천천히 풀리기 시작했다.

그 이후로 나는 생각을 바꾸기 시작했다. 당장 일상을 바꾸진 못했지만 마음을 달리 먹었다. 이 회사도 영원히 다닐 수 없다는 것. 지금의 자리는 언젠가 내가 떠나야 할 자리라는 것, 그리고 떠날 준비를 해야 한다는 사실을 직시하기로 했다. 내일도 같은 문제 앞에 서야 한다는 것이 숨이 막힐 정도로 싫다면 다른 미래를 준비하는 게 옳다. 과거에만 시선을 두고 있으면 아무것도 달라지지 않지만, 미래를 상상하기 시작하면 선택지가 생긴다. 그리고 선택지가 생기면 사람은 조금씩 움직이기 시작한다.

그때 내가 배운 것은 하고 싶은 일을 직업으로 삼지 못했다고 인생이 실패한 건 아니라는 것이다. 꿈과 직업이 전혀 다른 사람이 세상의 대부분이며 그렇다고 해서 그들의 삶이 덜 의미 있거나 초라한 것도 아니다. 그리고 한 번의 실패가 끝을 의미하지도 않는다는 것도 배웠다. 비슷한 불안이 다시 찾아왔을 때 나는 전과는 조금 다른 사람이 되어 있었다. 스트레스로 인해 난독 증세가 와서 책 한 페이지도 제대로 읽기 힘들던 어느 날, 이번에는 예전처럼 어둠 속에서 혼자 버티지 않기로 했다. 남편에게 솔직히 털어놓고 저녁마다 함께 산책을 했다. 긴 문장을 읽기 어려우니 하루에 한 줄씩이라도 천천히 읽기로 마음먹었다. 몇 줄을 읽는 데 몇 시간이 걸리든 상관없었다. 중요한 건 내 마음이 다시 세상을 향해 열리고 있다는 사실이었다.

방송인 최화정 님이 〈유 퀴즈 온 더 블럭〉에서 했던 말이 있다.

"허리를 곧게 펴고 입꼬리를 올리면 세상에 못 할 일이 없다."

자세 하나 바꾸는 것만으로도 마음이 달라지고 마음이 바뀌면 세상을 바라보는 시선까지 변한다. 가끔은 그런 사소한 태도 하나가 사람을 다시 살아나게 한다. 기세가 꺾이면 모든 게 무너지기 시작한다. 그런데 기세라는 것은 누군가가 대신 만들어주는 것이 아니라 내가 나에게 부여하는 것이다. 아무것도 바뀌지 않은 현실 속에서 내 안에서 먼저 무언가를 바꾸려는 시도, 뭐든 할 수 있다고 믿어버리는 태도. 그게 바로 기세 아닐까.

만약 지금 당신이 너무 오랫동안 무기력했고 아무리 애써도 나아지는 게 없다고 느껴졌다면, 그곳은 당신의 자리가 아닐 수도 있다. 누구의 기준에도 얽매이지 말고 당장 허리를 곧게 편 다음에 입꼬리도 씩 올려보았으면 좋겠다. 그러면 내일이 조금은 달라질지도 모른다. 아니, 내일이 그대로더라도 오늘의 내가 조금은 달라질 수 있다. 그리고 눈을 크게 뜨고 나의 자리를 찾아보면 된다.

헤맨 만큼 내 땅이라는
말이 있다.
결국 말이 아닌
행동이 그 사람을 만든다.

좋아함의 무게

일을 하다가 '나는 절대로 어떤 경지에 다다를 수 없겠구나'라는 감이 올 때가 있다. 나와 같은 일을 하고 있는데, 힘들어하고 지겨워하는 나와는 다른 기분으로 일하는 사람을 만났을 때, 나의 한계를 뼈저리게 느낀다.

일하는 사회인으로서 무언가를 잘하는 것도 어렵지만 좋아하기는 더욱 어렵다는 생각을 자주 한다. 일을 잘하는 사람을 보면 감탄하게 되지만 일을 좋아하는 사람에게는 경외심을 느낀다. 일을 좋아하는 사람을 보면 '저렇게까지?'라는 생각이 드는 감동의 순간이 있다. 그래서인지 일을 일로만 보는 사람들은 찾지 못하는 한끗을 해내는 것은 대체로 그 일을 너무너무 좋아하는 사람들이었다.

크리에이터와 작가로 일하면서 좋은 점이 있다면 다양한 분야의 저명한 사람들을 실제로 만날 기회가 생긴다는 것이다. 팬심으로 지켜보던 연예인이나 크리에이터들을 만날 때면 이게 내 업의 복지라는 생각이 든다. 하지만 진짜 복지는 지금 빛나고 있는 그들에게서 생생한 삶의 교훈을 들을 수 있다는 것이다. 각자 다른 분야에서 일을 해온 과정은 다양하지만, 운이 좋든 노력이 있었든 어떤 한계점을 뛰어넘은 사람들이기 때문에 그들과의 대화는 매번 생각의 반경을 넓혀준다.

그들이 가진 태도나 일하는 방식을 실제로 보면 운이나 재능만으로 설명되지 않는 무언가가 있음을 알 수 있다. 그중 한 명, 오랜 시간 대중의 사랑을 받은 유튜버의 이야기는 내가 삶을 대하는 태도를 돌아보게 했다.

그와 함께 출장을 갔을 때의 일이다. 일을 잘하는 사람에게 조언을 들을 수 있을까 싶어서 당시 내 고민을 털어놓으며 그의 성과와 수입, 인기 등이 부럽다고 말을 건넸다. 그는 차분히 자신의 일과를 알려주며 이렇게 말했다.

"저는 이 일로 돈을 많이 벌었지만. 제가 일한 것에 비해 돈을 많이 벌었다고 생각하지 않아요. 어떤 일을 했어도 이 정도로 몰입했다면 이만큼은 잘됐을 거예요."

그건 자신감이라고만 말하기에 부족했다. '몇 년 동안 아침부터 밤늦게까지 영상에만 몰두했고 일 외에 다른 삶이 없을 정도였다'라는 그의 말에서 우직하게 쌓아온 세월이 들리는 듯했다. 카메라를 들고, 기획대로 콘텐츠를 촬영하고, 편집하고, 업로드하고, 피드백을 보고, 또다시 다음 콘텐츠를 고민하며 수없이 많은 새벽을 지새웠을 것이다. 그가 이룬 모든 것은 몸담고 있는 분야에 대한 애정과 집착이 누적되어 나타난 결과였다. 그러고 보니 그의 초창기 영상과 지금은 같은 사람이라 믿을 수 없을 수준으로 발전했다. 물론 외모나 목소리의 변화도 있었지만 무엇보다 차이가 나는 건 영상을 보고 나서 시청자가 느끼는 감정이었다. 그의 영상을 보고 나면 '이 사람이 이걸 진짜 좋아하는구나'라는 느낌이 전보다 더 깊게 든다. '얼마나 좋아했는가'가 차이를 만드는 것 같았다.

처음엔 누구나 무언가에 미쳐서 유튜브를 시작하지만 대부분 지속되지는 않는다. 그의 열정은 어째서 세월에 바래지지 않았을까? 어떻게 오랜 시간 동안 매일 열정을 잃지 않을 수 있었냐는 내 물음에 그는 단 한마디로 대답했다.

"좋아하니까요."

그냥 좋아서 하다 보니 이렇게 되었다는 말. 일을 좋아한다는 식상한 말이 그토록 진지하게 들린 건 처음이었다. 그의 말을 듣고 돌아본 나와 일의 관계는 마치 정략결혼 같은 관계였다. 여러 조건이 맞으니까 함께 할 계획이지만 수틀리면 언제든 '난 너와 사랑해서 함께한 게 아니야' 하면서 등을 돌려도 이상할 게 없는 사이랄까. 나의 일은 내 조건을 충족시켜 주는 여러 가지의 후보 중 하나였을 뿐, 이거 아니면 안 돼서 한 일이 아니었다.

나처럼 일을 선택하는 게 잘못됐다거나 덜 이상적이라고 말하는 건 아니다. 다만 조건 맞춰서 한 결혼에서 순수한 사랑을 바라는 건 욕심인 것처럼, 진심으로 좋아해서 일하는 사람들의 한 끗을 내가 탐내서는 안 되는 것이었다.

문득 이대로 더 가서는 안 되겠다는 위기감이 느껴졌다. 좋은 기회들이 주어졌고 적당히 이름값을 하며 때로는 일에서 보람도 느꼈다. 하지만 그게 전부였다.

그동안 일하면서 한계를 느낄 때마다 내 능력 부족을 탓했다. 자존심이 상해서 사람들에겐 말하지 않았지만 '내가 조금만 더 어렸다면, 내가 머리가 더 좋았다면, 내가 일에만 몰두할 수 있는 환경이었다면' 하는 핑계로 도망친 적도 있음을 고백한다.

나는 지금도 일을 잘하고 싶다. 재능은 잘 모르겠지만 내가 일을 잘할 수 있는 유일한 방법은 내 일을 좋아하는 것이 아닐까 한다. 누군가를 좋아하면 더 알고 싶고 자주 보고 싶고 그러다 보면 더 잘 알게 되어 그 사람의 눈동자만 봐도 마음을 읽을 수 있게 되는 것처럼, 내 일을 좋아하게 되면 결국엔 이 일에 빠삭하게 될 것이다. 그렇게 약간의 마음가짐을 바꾸고 나니 조금 더 일의 본질에 가까워지는 기분이 들었다. 일이 나에게 주는 유익에만 관심이 쏠려있던 때와 달리 일 자체에 좀 더 몰입하는 경험이 많아졌다.

여전히 한계에 자주 부딪친다. 세상에 멋진 일이 얼마나 많은데 내가 왜 이런 가시밭길을 선택한 걸까 한탄하기도 하고, 너무 싫은 날엔 컴퓨터 앞에 앉아만 있다가 하루가 다 가버릴 때도 있다.

그럴 때 그의 말을 떠올려 본다. "좋아하니까요"라는 단순하지만 묵직한 한마디. 단지 일뿐 아니라 관계에도, 삶 전체에도 적용되는 말이다.

불행이 찾아오는 것은
내 힘으로 막을 수 없지만,
불행에서 빠져나오는
방식을 선택하는 건
온전히 나의 몫이다.

무너져야
보이는 것들

살다 보면 의도치 않게 곤경에 처하게 될 때가 있다. 가만히 있는데 누군가 내 삶에 들어와 훼방을 놓기도 하고, 이러저러한 원칙을 세워두고 잘 해보려고 애를 쓰다가 본의 아니게 잘못을 저지를 때도 있다.

상황이 좋을 땐 누구나 좋은 사람일 수 있다. 하지만 여유로움과 평온함이라는 겉옷이 벗겨진 위기의 순간 여과 없이 바닥을 보이게 되는 건 비단 나만의 일이 아닐 것이다. 비바람에도 변함없는 사람인지 아니면 금세 부식되어 버리는 사람인지. 위기는 그 사람을 제대로 볼 수 있는 기회이기도 하다.

몇 년 전, 〈품위있는 그녀〉라는 드라마를 재미있게

봤다. 이야기 전개도 흥미로웠고 배우들의 연기도 좋았는데 무엇보다도 주인공이 삶을 대하는 태도를 참 닮고 싶었다.

　주인공 우아진은 아름다운 외모와 세련된 감각을 가진 재벌가 며느리로 등장한다. 남부럽지 않은 삶을 살던 그녀는 남편의 외도로 인해 가진 모든 것을 잃을 위기에 놓인다. 하지만 그녀는 어떤 상황에서도 감정적으로 무너지거나 후회할 만한 행동을 하지 않는다. 흔히 드라마에 나오는 것처럼 내연녀의 뺨을 때리거나 머리채를 잡는 행동도 하지 않는다. 위기를 헤쳐나가는 내내 차분하게 수를 두고, 끝내 사필귀정을 끌어내는 모습이 사이다 결말 이상의 쾌감을 준다. 결국 그녀는 그동안 누렸던 것들을 모두 내려놓고 집을 떠나지만, 아무것도 잃지 않은 사람처럼 담담하게 다시 자기 삶을 시작한다.

　드라마를 보면서 저렇게 우아하게 위기를 건너는 것이 과연 가능할까 생각했다. 현실에서는 어려움에 맞닥뜨리면 분노하거나, 울분을 터뜨리거나, 비굴해지기 쉬우니까. 그래서 드라마 속 우아진의 침착한 모습이 더욱 어렵고 드문 태도처럼 느껴졌다.

안타깝게도 나는 위기 앞에서 그녀처럼 담담하지 못했다. 헛소문을 퍼뜨려 회사에서 나를 곤란하게 만든 동료에게도, 내 아이디어를 훔쳐 자기 것처럼 둔갑시켜 자리를 빼앗은 지인에게도 나는 현명하게 내 것을 지키지 못하고 속으로 화만 내다가 관계 자체를 끝내는 경우가 많았다.

더 심한 때에는 공격적인 태도를 취하며 내가 받은 상처만큼 상대를 할퀸 적도 있고, 때로는 한없이 초라한 모습을 내보이며 스스로를 망가뜨리기도 했다. 불행의 크기만큼 내 존엄성이 떨어져 나가는 것 같았고 그래서인지 위기가 지나간 후에도 제자리로 돌아오는 데 시간이 걸렸다. 사람들에게 적나라하게 내보인 보이기 싫었던 모습들을 지우는 데에도 오랜 시간이 걸렸다.

지금까지도 후회가 되는 몇 가지 사건이 있다. 그중 하나는 나에게 아주 무례하게 대한 사람에 대한 일이다. 그와 나는 개인적으로 잘 아는 사이도 아니었고 같이 일을 하지도 않는 그냥 같은 회사에 다니는 사이였다. 하루는 공용 공간에서 일하고 있었는데 문서에 집중하느라 주변을 살피지 못했다. 그때 그의 팀이 그 공간을 사용할 일이 있었던 모양이었다.

"야! 나가!"

몰입을 뚫고 거친 말이 들려왔지만 나는 잘 알지 못하는 사람이 나에게 한 말이라고는 생각조차 못해서 그냥 내 일을 계속했다. 그 사람은 무시당한 기분이 들었는지 더 저속한 말들과 함께 꺼지라고 말했다. 소란이 계속되자 혹시라도 나를 향한 말인가 싶어 고개를 들었는데, 그는 주먹으로 나를 한 대 치려는 시늉을 했다.

몇 수 앞을 더 내다 볼 수 있는 사람이라면 이런 상황이 벌어졌을 때 자리를 피하고 정식으로 당사자와 인사팀에 항의했을 것이다. 그랬다면 그 사람으로부터 제대로 사과받을 수 있었을지도 모른다. 혹은 기록으로 남겨 그의 커리어 내내 그 일이 따라다니게 할 수 있었을 것이다. 하지만 당시의 나는 내가 일방적인 피해자라고 생각했고 왜 감정을 눌러야 하는지 깨닫지 못한 채 맞불을 질렀다.

덩치 큰 남자인 상대방에게 맞서 온 복도가 떠나가라 크게 소리를 질렀고, 회사 사람 일부가 그 장면을 목격했다. 이야기가 사실대로 전해질 리는 없었고 원인 제공을 한 그에 대한 이야기보다 나를 두고 "어린 게 성격 한번 대단하네"라는 말이 더 많이 오갔다. 우아할 수 없던 순간 감정이 앞서고 앞뒤 가리지 않는 미성숙한 나의 민낯이 드러난 것이기도 하다. 물론 대차게 맞선 행동에 스스로는 통쾌함도 조금 느꼈지만 사람들은 내가 겪은 일을 기억하기보다는 그에 대처하는 태도를 기억한다는 것을 배웠다.

위기가 오면 누구나 흔들린다. 하지만 어떻게 흔들리는지가 그 사람이 어떤 사람인지를 말하기도 한다. 위기에 맞서는 태도는 삶의 습관이자 가치관이기도 하다.
어려움이 찾아올 때 나를 지키는 힘은 결국 내가 어떤 사람으로 살아갈지에 대한 고민에서 나온다. 불행이 찾아오는 것은 내 힘으로 막을 수 없지만, 불행에서 빠져나오는 방식을 선택하는 건 온전히 나의 몫이다.

곁에 있어 준다는
것의 의미

나의 성장과 실패를 고백하는 유튜브 콘텐츠를 만들면서 좋은 점은 사람들이 나에게 주저 없이 속 이야기를 해준다는 것이다. 가장 어려운 건 나를 믿고 기대는 사람들에게 어떻게 응답할지를 고민하는 일이다. 얼굴도 모르는 이들이 이메일이나 다이렉트 메시지로 자신의 가장 내밀한 사연을 털어놓을 때 갑자기 마음이 휘청였다. 위로와 함께 내 나름대로 고심한 결과인 해결책을 제시한 적도 있다. 하지만 시간이 지날수록 내가 전하는 위로가 정말 그들에게 도움이 될지 의구심이 들었고 내가 감당할 수 없으면서 무언가를 끌어안고 있는 건 아닌지 혼란스러웠다.

한때는 누군가 힘들다고 말하면 그 감정을 함께 껴

안는 것이 당연하다고 생각했다. 가만히 있는 것보다 돕는 게 낫고 말없이 있는 것보다 뭔가를 전하는 것이 더 낫다고 여겼다. 같은 고민을 반복해서 들어주고 방법을 찾으려고 함께 애썼다. 그런데 어른이 되고 나서 뼈저리게 실감한 것이 있다. 내 인생은 결국 내 몫이자 내 책임이라는 사실이다. 누구도 나를 대신해 살아줄 수 없다. 현실적으로 내 삶을 챙기기도 벅찬 날들이 이어졌고 에너지의 방향은 자연스럽게 내 쪽으로 쏠렸다. 무엇보다 책임질 수 없는 일에 선뜻 개입하는 것이 오히려 더 무책임할 수 있다는 것을 깨달았기 때문이기도 하다.

문제의 크기가 클수록 결국 그 해결은 각자의 몫이다. 진심 어린 조언과 위로를 건넨다 해도, 어떤 선택을 할지는 그 사람의 몫이고 결과 역시 누구도 대신 감당해줄 수 없다.

사람을 돕는 일이 항상 좋은 결과로 이어지는 것도 아니었다. 처음엔 고마워하던 사람이 점점 더 많은 것을 기대하거나 서운함을 드러내는 경우도 있었다. 나름대로 최선을 다했다고 생각했지만 상대의 기대에 미치지 못했을 때는 괜히 나를 탓하게 되기도 했다. 어떤 사람은 도움을 준 나를 오히려 탓하거나 원망하기도 했다. 그럴 때마다 선의가 꼭 신뢰할 수 있는 관계로 이어지는 것은 아니라는 사실을 배웠다.

『운의 알고리즘』이라는 책에서 '쓸데없는 연민'이라는 말이 등장하는 부분을 읽었을 때 잠깐 멈칫했다. 열심히 살아도 인생이 잘 풀리지 않는 사람들의 공통점이 바로 쓸데없는 연민이라는 것이다. 본인도 힘든 상황에 있으면서 더 힘든 사람을 보면 연민을 느낀다. 그러다 보니 주변에는 부정적 감정이 짙은 사람들만 남게 되는데, 그런 사람들에게 도움을 줘도 고마움을 느끼기보다는 원망하거나 기대를 키워가는 경우가 많다는 내용이 이어졌다.

그 문장을 읽으며 과거를 떠올렸다. 최선을 다해 도왔다고 생각했지만 마음 한구석에는 그들의 어려움을 같이 이겨나가며 스스로를 확인받고 싶은 욕구도 조금 있었던 것 같다. 순수한 선의만 있었던 게 아니었다. 그래도 내 상황은 괜찮은 편이라는 안도감과 그들에게 무언가를 해줄 수 있는 사람이라는 효능감이 분명히 어딘가에 자리하고 있었다. 그러니 상대방이 고마워하지 않거나 관계가 예전 같지 않게 변할 때 서운함을 느꼈던 것이다.

아무리 선한 의도라도 타인의 삶에 깊숙이 개입하는 일은 조심스러워야 하며, 도움이 되고 싶다면 그 사람이 스스로 선택하고 책임질 수 있도록 곁에 있어 주는 것이 가장 지혜로운 방식이라는 것을 아주 천천히 깨달았다.

누군가의 고민을 함께 나누는 걸 여전히 귀한 일이라 여기지만 이제는 조금 다른 방식으로 다가간다. 묻거나 재촉하지 않고 그 사람만의 속도로 답을 찾아갈 때까지 조용히 옆에 있어 주는 일. 때론 그게 진짜 위로가 될 수 있다는 것을 여러 번의 시행착오 끝에 알게 되었다.

서로에게
다정할 것

"어디서 무엇을 하든 인간으로서의 예의만 잊지 않으면 돼."

사회생활의 매서움을 처음 겪기 시작한 이들이 힘들다고 털어놓을 때면 종종 내가 건네는 말이다. 사회생활을 버텨내게 만드는 힘은 탁월한 능력보다도 서로에 대한 배려와 예의에서 비롯된다고 생각해왔다.

신입사원 시절의 나는 출근할 때마다 마음을 단단히 먹었고, 그럼에도 매일 무너진 채 퇴근했다. '저 선배는 왜 저럴까, 왜 말을 저렇게 하지?', '내가 나중에 저 자리에 있게 된다면 행복할까?' 같은 질문들이 맴돌아 밤잠을 설쳤다. 당시 일이 유난히 힘들었다는 기억은 거의 없는데 사람들과의 관계가 나에겐 벅찼다는 인상은 선명하게 남아 있다. 이런 걸 보면 역시 일에서 가장 중요한 부분은 사람이다.

연차가 쌓이며 나의 시선도 달라졌다. 이제는 무슨 일이 생기면 '나는 문제없이 잘하고 있는가'라고 스스로에게 묻는다. 같은 상황을 겪더라도 '나라도 이럴 때는 부드럽게 말하긴 어렵겠다', '그 선배 정말 인내심 있구나', '저 나이에 저 태도라니 나도 본받아야겠다'라고 생각한다. 해석의 결이 완전히 달라졌다. 경험이 쌓이면 관점도 함께 자란다. 같은 상황이라도 서로 다른 시선 아래 전혀 다른 의미가 된다.

사회 초년생 때는 나에게 불친절하거나 일 처리를 비효율적으로 하는 것 같은 사람들에게 감정을 드러내기도 했다. 사는 내내 그 부분이 후회스럽다. 친구나 가족이 그랬다면, 아니, 심지어 아무 상관없는 타인이 그랬다면 이해할 수 있었을 일인데 왜 그때는 그렇게나 적개심에 가득 차서 예의 없이 굴었던 걸까. 내가 틀렸다고만 생각한 것이 어쩌면 맞을 수도 있는데 말이다.

친한 동생 E는 갓 입사한 신입사원이다. 이제 업무가 손에 익을까 말까 한 시기인데, 작은 조직 안에서 몇 안 되는 사람들이 편을 갈라 다투는 모습에 실망했다고 한다. 일이 고된 건 어떻게든 감당할 수 있지만 사람이 힘들어서 버티기 어렵다고 했다. 무슨 일이 있었는지 천천히 들어보니 결국 모두가 나름의 방식으로 열심히 살아보려는 중이었다. 단지 서로의 입장을 충분히 이해하지 못해 상처받고 있었던 것이다.

누구나 저마다의 사정이 있다. 별것 아닌 일에도 인상을 찌푸리던 대리님은 시험관 시술로 힘겨운 나날을 버티고 있었고, 엑셀에 대해 반복해서 물어보던 차장님은 영업 현장에서 회사 매출의 절반을 책임지고 있었다. 별다른 존재감 없이 자리에만 앉아 있는 듯했던 부장님은 윗선과 갈등을 일으키면서까지 후배들을 지키고 있었으며, 듣기 지겨울 정도로 '라떼는 말이야'를 입에 달고 살던 선배는 과거에 정말 전설의 신입사원이었다.

세상은 그래서 아는 만큼만 보인다. 내 좁은 세계의 상식으로 세상을 재단한 것이다. 이 깨달음이 내가 함께 일하는 사람들을 더욱 깊이 존중하게 만들어 준다. 사회인이 된다는 건 단순히 업무를 빠르게 익혀서 잘하게 되는 게 아니라 복잡다단한 인간이라는 존재를 배우는 과정이 아닐까.

조금 더 다정하게, 조금 더 이해하려는 태도로 서로를 대한다면 우리가 매일 감당해야 하는 먹고사는 일이 지금보단 덜 각박해질 것이라 믿는다.

사라지는
인연들

삶이 내리막길로 향할 때 나에게 크게 다가온 감정 중 하나는 배신감이었다. 내가 잘될 때는 바라지도 않은 호의를 베풀며 다가오던 사람들이, 상황이 어려워지자 애초에 몰랐던 사람처럼 사라졌다. 어렵게 건넨 작은 부탁에 이런저런 핑계를 담은 거절이 돌아왔고 조금 더 솔직한 사람들은 나의 처지를 뼈아프게 지적하기도 했다.

드라마 〈나의 아저씨〉의 한 장면이 떠오른다. 주인공의 형은 정리해고를 당한 50대다. 22년 동안 다닌 회사를 퇴직했더니 딸의 결혼식에 온 회사 사람은 겨우 두 명뿐이다. 형은 아직 대기업에 다니는 동생에게 절규하듯 말한다.

"어떻게든 회사에 붙어 있어야 한다. 엄마 돌아가시기 전까진. 장례식에 화환이라도 제대로 꽂히고 쪽팔리지 않을 만큼 문상객 채우려면."

회사에 다니고 프리랜서로 살면서 수많은 사람과 관계를 맺어왔다. 어떤 관계는 서로가 잘나갈 때만 유효했고 한쪽이라도 어려움을 겪으면 와르르 무너졌다. 도움이 되는 관계만 남기는 것이 꼭 나쁘다고 말할 수는 없지만 함께였던 시간에 대한 아쉬움은 남는다. 누군가의 진심을 의심하게 되는 순간 그동안 쌓은 모든 시간이 한꺼번에 바래져 버리기 때문이다. 나 역시도 나도 모르는 사이 누군가에게 실망감을 안겼을 것이다. 나와 그들은 애초에 서로에게 기대던 것이 아니라 그저 옆에 서 있던 것뿐인지도 모른다.

그렇다고 해서 인간관계에 대해 완전히 냉소적으로 변하지는 않았다. 피상적인 인연이 실망을 안길 때 뜻밖의 따뜻함을 건네는 사람들도 있었기 때문이다. 내가 곤경에 처했을 때 그걸 알고 나에게 기회를 주었던 사람들 덕에 다시 일어날 수 있었고, 조용히 나를 기다리다가 내가 일어서자 박수를 보내주는 사람 덕에 용기 낼 수 있었다. 꼭 실질적인 도움을 주는 것이 아니더라도 문득 온 반가운 안부 인사, 아무 이유 없는 전화 한 통, 그런 작은 일들이 나의 마음을 데워주었다. 내가 잘못 살지 않았다는 생각이 들게 해준 그들 덕에 사람을 미워하지 않고 타인에게 좋은 사람이 되려고 노력하는 지금의 내가 있는 것인지도 모르겠다.

가족도 자주 나의 방공호가 되어주었다. 밖에서 모진 말을 듣고 돌아오면 말없이 따뜻한 밥을 내어주는 엄마가 있었고, 모두가 의심의 눈길을 보낼 때 "나는 널 믿는다"라며 어깨를 다독여주는 아빠도 있었다. 세상이 무너져도 너 하나만은 내가 지켜내겠다며 안아주는 남편이 있었고, 이제는 어떤 일이 생겨도 내가 끝까지 버텨야 할 이유인 아이도 있다. 세상이 날 몰라도, 상처받는 일이 있어도, 집에 오면 나는 잘 괜찮아진다.

이해관계에 얽히지 않은 이들이 나에게 쏟는 애정이 다른 인간관계에서 받은 상처를 아물게 해주었다. 나이를 먹어가고 힘든 일을 겪을수록 있는 그대로의 나를 받아들이는 사람이 얼마나 귀한지 알게 된다.

좋은 인연을 오래 곁에 두는 데 필요한 것은 특별한 기술이 아니라 일상적인 애씀이라는 것을 느낀다. 오랜만에 연락을 하더라도 서로 어색하지 않은 적당한 거리감, 도움이 필요할 때 묵묵히 다가가 줄 수 있는 용기, 상대가 주저앉을 때 같이 옆에 조용히 앉을 수 있는 여유 같은 것들. 드러내지 않는 조용한 노력이 있다면 관계는 오래 유지될 것이다.

자연스럽게 나 또한 그런 사람들에게 더 큰 마음을 쏟게 된다. 받은 만큼 돌려주고 싶어서가 아니라 그 존재가 고마워서다. 언젠가 나 역시 누군가의 지친 하루 끝에 이유 없이 편하게 기댈 만한 사람이 되고 싶다.

『세상에서 가장 긴 행복 탐구 보고서』에서는 인간이 행복하기 위한 가장 중요한 조건으로 '좋은 관계'를 말한다. 내가 무엇을 이루었는지, 얼마나 가졌는지는 어느 순간부터 의미를 잃고, 삶의 후반부로 갈수록 곁에 어떤 사람이 있는지가 행복한 삶을 결정 짓는다는 것이다.

예전에는 인간관계에 에너지를 쓰는 게 무의미하다고 생각했다. 내가 잘되면 내 곁에 사람이 몰릴 테니 인간관계는 성공에 따라오는 대가 같은 것이라고 생각했다. 하지만 지금은 다르다. 내게 기대어 오는 사람에게 따뜻하게 반응하는 일, 나를 믿어준 사람의 곁을 지켜주는 일이 중요해졌다.

내가 받은 것보다 조금 더 많이 주며 살아가고 싶다. 계산 없이 다가오는 온기에 또 다른 온기로 답하는 사람이 되고 싶다.

치열함을
내려놓은 뒤

'뭘 먹어야 잘 먹었다고 소문이 날까.'

이런 말, 한번쯤 들어봤을 것이다. 그런데 어느 순간부터 나는 그 말이 신경 쓰이기 시작했다. 인간은 밥 한 끼 먹는 것조차 누군가의 인정을 받고 싶어 하는 존재인가. 우리는 정말 인정욕구 덩어리인 걸까.

고백하자면 나는 꽤 강한 인정욕구를 가진 사람이다. 주변 사람들의 표정과 말투로 나의 사회적 위치를 점검해 왔고 때론 몸과 마음을 소진하고 무리한 노력을 감수하며 무언가를 성취하려 애썼다. 한 걸음 더 솔직해지자면, 내가 별 볼 일 없는 존재가 되었을 때 더 이상 사랑받지 못할지도 모른다는 두려움이 마음 한구석에 자리하고 있었다. 아무것도 아닌 나는 상상도

하기 싫었다.

하지만 사람이 언제까지 그렇게 살 수 있을까. 심리학자 카를 융은 '내가 생각하는 나와 타인이 생각하는 나 사이의 간극이 클수록 자존감이 낮아진다'고 했다. 나의 자존감은 바닥을 치고 있었고 여기에 체력 저하라는 변수까지 더해지면서 더 이상 타인의 인정을 위해 나를 소진시키는 삶은 지속 불가능해졌다. 소설이나 드라마 속 주인공이 던지는 "나는 지금까지 도대체 내가 아닌 누구를 위해 살아온 걸까" 같은 대사가 현실이 되어 나에게도 찾아왔다.

괜찮은 사람이라는 인정을 받기 위해 나는 얼마나 많은 것을 내어주며 살아왔던 걸까. 가난한 노후를 맞이하지 않으려고 내 건강을 챙길 겨를도 없이 일에 몰두했다. 누구도 유심히 보지 않는 SNS상의 멋진 모습을 꾸며내기 위해 카메라 프레임 속 장면에만 의미를 둔 적도 있었다. 살이 쪄 보이면 어쩌지 싶어서 입은 옷을 갈아입고 외출한 날도 있었다. 돌이켜보니 그동안 나를 괴롭히던 대부분의 고민은 타인의 시선에서 비롯되었다는 사실이 참 씁쓸했다.

그래서 치열함을 조금 내려놓기로 결심했다. 성취보다는 성장, 속력보다는 방향, 성과보다는 의미를 마음에 두기로 했다. 내가 의도적으로 선택한 삶의 전환점이다. 더 이상 무언가를 이뤄야만 한다고, 꼭 잘해야만 한다고 스스로를 몰아붙이지 않으려 한다. "그냥 내가 할 수 있는 만큼만 하자"라고 주문처럼 내뱉었다.

의도적으로 속도를 늦춘 삶은 내게 새로운 시야를 열어주었다. 열심히 하는 것만이 능사인 줄 알았던 세상의 공식을 잠시 접어두자 보이지 않던 삶의 아름다움들이 눈에 들어왔다. 느리지만 자기만의 리듬으로 살아가는 사람들. 그들의 삶은 내게 작은 위로와 방향을 선물했다.

물론 내려놓는 사람이 감수해야 할 몫도 있다. 성공 궤도를 달리는 사람들과 같은 트랙 위에 있지 않은 듯한 느낌은 종종 나를 작아지게 했다. 가끔은 경쟁심이 고개를 들고, 인정받고 싶고 이기고 싶은 마음이 속에서 요동쳤다. 그런 순간엔 한걸음 멈춰 서서 지금 내가 누구를 위한 삶을 살고 있는지를 조용히 자문했다. 그리고 다시 마음의 고삐를 느슨히 풀었다.

치열함을 내려놓는다는 건 인생을 덜 사랑하거나

덜 열심히 살겠다는 뜻이 아니다. 오히려 그 반대다. 지금 내 앞에 있는 삶을 더 깊고 진심 어린 마음으로 마주하고 싶다는 다짐이다. 나는 더 이상 누구의 박수와 시선을 위해 살아가지 않기로 했다. 무엇을 이루기 위한 삶이 아니라 내 마음에 닿는 삶을 살기로 했다.

문제의 크기가 클수록
결국 그 해결은 각자의 몫이다.
진심 어린 조언과 위로를
건넨다 해도,
어떤 선택을 할지는 그 사람의 몫이고
결과 역시
누구도 대신 감당해줄 수 없다.

엄마의 고백

아이를 낳고 나서 사람들이 나에게 가장 많이 물었던 건 '아이 낳고 어떻게 그렇게 활발히 사회생활을 하세요?'였다. 이미 많은 워킹맘이 사회생활을 하고 있지만, 출산을 앞두거나 출산 후 재취업을 준비하는 여성들은 엄마이면서 동시에 일하는 사람이 될 수 있을지 걱정한다.

아이를 기르는 길지 않은 시간 동안 나도 '나만 욕심을 버리면 모두가 행복해진다'라는 생각을 한두 번 한 게 아니다. 전업 주부인 엄마들이 내가 사라지는 것 같은 기분에 괴로워한다면, 워킹맘들은 일하는 나와 엄마인 나 사이를 오가며 한쪽도 제대로 해내지 못한다는 자괴감에 속이 탄다. 아기가 엄마를 알아보지 못

할 신생아 때는 산후에 완전히 회복되지 않은 몸이 내 발목을 잡았고, 아이가 조금 자라 엄마의 껌딱지가 되고 나니 "엄마, 일하지 말고 나랑 놀아"라는 아이의 간절한 외침이 또 내 발목을 잡는다. 아이와 시간을 충분히 보내지 못했다는 생각으로, 성장에 따라오는 자연스러운 변화에도 민감하게 반응하며 스스로를 자책하게 되고 그게 수시로 무력감으로 이어졌다. 그러지 않으려고 하는데 자꾸만 내가 나로 사느라 마땅히 해야 할 희생을 건너뛰는 듯한 죄책감이 든다.

일과 관련된 고민은 임신과 함께 시작됐다. 임신 사실을 알리면 일이 끊길까 봐 몹시 조심스러웠던 기억이 난다. 출산의 공백은 그렇다 치고, 이후에도 아기 낳고 일을 그만둔 줄 알았다는 말을 종종 듣기도 했고 이전과 달리 나를 엄마로만 소비하려는 사람들에 '그렇지. 이제 나는 빼도 박도 못하는 아줌마지' 하며 체념하기도 했다.

요즘 엄마들이 겪는 어려움은 단지 임신과 출산, 육아의 고됨에 그치지 않는다. 가장 본질적인 고통은 정체성의 혼란에서 비롯된다. 경력을 쌓던 직장인이자,

창작자이자, 독립적인 사회적 존재였던 자신이 사라지고 '누구 엄마'라는 호칭 이외에 자신을 설명할 수 있는 언어가 급격히 줄어들며, 내 존재가 축소된 듯한 감각을 마주하게 된다.

솔직히 이런 상황이 못 견디게 힘들어서 나는 왜 온전히 책임지지 못할 일을 저지른 것인가 후회한 적도 있다. 그러나 어쩌겠는가. 어떤 힘듦이 따르더라도 아이의 존재가 너무 소중해서 이것과 다른 선택을 할 수가 없는 것을. 시간을 돌린대도 나는 똑같은 일을 분명히 똑같은 선택을 할 것이다.

아이 낳고 기르는 일이 이렇게 힘들다고 누구도 말해주지 않았다며 울분을 토하는 사람들도 있는데, 사실 나는 다 알았던 것 같다. 내가 한창 놀러 다니고 일하던 20대에 먼저 출산한 내 친구는, 밖은커녕 집의 화장실도 갈 수가 없다며 집으로 와달라고 엉엉 운 적도 있었고, 맡길 곳이 없어 약속 장소에 아이를 데려온 친구와는 몇 마디 나누지도 못하고 엎어진 음료만 치우다가 헤어지기도 했다. 지금 그 친구들은 이제야 몸도 마음도 편해졌다며 나를 불쌍해하는 중이다. 짧은 경험이었지만 아이가 없을 때처럼은 절대로 살 수 없음을 이미 목격했다.

경제적인 문제는 또 어떤가. 영유아기 때 돈 드는 건 아무것도 아니란다. 엄마들의 불안을 자극한 온갖 상술과 서로 무엇을 가졌는지 투명하게 드러나는 SNS 문화에 모두가 팍팍해진다. 최선을 다해 투자하면 극성이라고 욕먹고 그렇지 않으면 돈도 없으면서 애는 왜 낳았냐고 욕먹는 오지랖 속에서 살아간다.

내가 결혼한지 7년 만에 아이를 낳기로 결심하게 된 이유는, 그럼에도 불구하고 행복하다는 마음을 만면에 드러내던 친구들 덕분이었다. 꼬물거리는 아이를 귀여워하면서도 버거움에 울음을 터뜨릴 만큼 힘들어하고, 잘나가는 친구들을 보며 아이만 돌보는 내 인생은 망한 것 같다고 털어놓으면서도, 어느 순간 아이를 품에 안고 세상을 다 가진 듯 웃던 그 모습들 덕분이었다. 연약하기만 했던 친구들에게서 엿본 건 가진 걸 다 잃는다고 해도 아이는 내어줄 수 없다는 엄마의 강인함이었다. 그들이 나 같은 사람도 엄마의 길을 갈 수 있다는 확신을 심어주었다.

내가 그랬던 것처럼 엄마가 되는 일을 망설이던 누

군가가 나를 보며 출산과 육아, 그리고 사회 활동에 응원을 받길 바란다. 내 모습을 보고 출산을 포기하거나 주저하게 된다면 무척 슬플 것 같다. 그래서 힘든 이야기는 유쾌하고 가볍게, 좋은 이야기는 진심을 가득 담아 전하려고 한다. 가끔 SNS 속 내 모습을 보고 행복을 꾸며낸 것같이 느껴진다면 이런 이유 때문임을 조금은 알아줬으면 하는 마음이다.

일의 성격이나 상황에 따라 다르겠지만 방법이 있다면 자기 일을 지킬 수 있으면 좋겠다는 바람도 있다. 자기 효능감과 그로 인한 행복은 분명 아이에게도 좋은 영향을 준다. 물론 그걸 유지하는 게 힘들어서 나도 고군분투하는 중이지만 말이다.

이제 고작 몇 년 아이를 키워 보고 이렇다 저렇다 말하기가 조심스러워서 내가 육아 멘토로 생각하는 선배의 말을 빌려본다. 육아가 말도 못 하게 힘든 건 맞지만 힘든 만큼 확실한 행복이라는 것. 아이도 키우면서 일도 하는 게 어떤 고난과 시련을 가져다줄지 아는데, 그 고난과 시련은 언젠가는 끝난다는 것. 그러니 지금 느낄 수 있는 것을 흠뻑 느끼라는 것.

물려주고
싶은 것들

251 아기가 세 돌이 지나고 결심한 게 있다. 바로 공공연히 엄마인 티를 내지 않기다. 누구의 엄마로만 기억되는 것을 원치 않기도 하지만 언젠가 아이가 커서 자신의 이야기를 엄마 마음대로 했다는 이유로 나를 원망할지도 모른다는 노파심 때문이었다. 그런데도 아이만큼 내 삶에 지대한 영향을 준 존재도 드물기에 지금의 나를 설명하는 글을 쓰다 보면 자꾸 아이의 이야기가 튀어나온다.

밖에서는 육아보다 일이 우선인 것처럼 굴지만 실은 지금 내 삶의 축은 아이다. 만삭 때까지만 해도 나는 내가 고슴도치 엄마가 될 줄 전혀 몰랐다. "내 이름이 엄마로 대체되지 않는 삶을 살 거야"라고 당돌한 포부를 밝히며 '카카오톡 이름을 ○○맘으로 하지 않기', '아무도 요청하지 않는데 아기 사진 보내지 않기' 같은 금지 목록을 만들었다. 그런데 출산 전날까지도 흔들리지 않았던 결심은 뱃속에서 막 나온 아기의 얼굴을 본 순간 와르르 무너졌다. 아, 뭐지. 이 치명적인 귀여움.

아이를 낳기 전에 막연히 겁먹은 것처럼 고슴도치 엄마가 되어버린 나 자신이 싫거나 출산과 육아 과정에서 조금 더 잃었을 젊음이 아깝게 느껴지진 않는다. 여느 엄마처럼 나도 아이의 존재만으로 삶의 동기를 부여받으며 산다. 딸이 나중에 인터넷에서 나를 검색했을 때 부끄럽지 않도록 살아가자 다짐하고, 바르고 야무진 아가씨들을 보면 우리 딸도 저렇게 자랐으면 좋겠다는 마음이 된다. 좋은 일이 생기면 다른 무엇보다도 아이와 함께 케이크에 초를 꽂을 수 있다는 점이 좋다.

아이에 대한 사랑이 깊어질수록 부모로서 나의 역할에 대한 고민도 함께 커진다. 나와는 다르게 입맛이 건강했으면, 몸을 움직이는 걸 좋아하는 에너지 넘치는 사람이었으면 좋겠고, 결과보다는 과정을 즐기고,

사람을 좋아해서 친구가 많았으면 좋겠다. 바라는 것은 많지만 그건 모두 내 욕심일 뿐이다. 부모가 자식에게 줄 수 있는 건 스스로 단단하게 존재할 수 있도록 마음의 뿌리를 키워주는 일뿐이라는 생각이 든다.

그런 의미에서 내가 아이가 꼭 물려주고 싶은 마음가짐 중 하나는 도전하는 용기다. 도전한다는 말은 나 같은 겁쟁이에겐 결과가 보장되지 않는 불안정한 일에 마음을 쏟는 일 같았다. 하나를 선택하는 건 동시에 다른 가능성을 포기한다는 뜻이고 그 기회비용을 감수하는 것에 자신이 없었던 것이다.

나는 도전 앞에서 지레 겁먹고 최악의 경우를 먼저 상상하는 편이었다. 그건 실제 가진 것이 많고 적음을 떠나 마음이 가난했기 때문이다. 투입할 자원이 적을수록 도전은 반드시 성과를 담보해야 하고, 실패했을 때의 리스크는 감당하기 힘들어진다. 그다음 시도는 아예 불가능해질 수도 있으니까.

나는 아이에게 무한한 물질을 제공할 생각은 없고 그럴 여유도 없지만, 너무 많은 경우의 수를 앞세워 지레 움츠러드는 아이로 자라지는 않기를 바란다. 하고 싶은 일에 대해서 용기 있게 돌진하는 사람이 되었으면 한다. 적어도 그 정도는 해줄 수 있는 부모가 되기 위해 오늘도 노력하고 있다.

 또 한 가지, 나는 아이에게 스스로를 돌보는 시간이 얼마나 삶을 풍요롭게 만드는지 알려주고 싶다. 눈과 귀를 항상 바깥에 두다 보면 정작 중요한 내면을 들여다볼 여유가 없다. 자주 돌보지 않는 마음은 충전 하지 않고 쓰는 배터리처럼 언젠가는 방전되고 만다. 살다 보면 가장 먼저 포기하게 되는 것이 나 자신이라는 걸 여러 번 경험했다. 아이에게도 자라면서 타인을 돌봐야 하는 순간이 올 테고 그럴수록 더더욱 스스로를 지켜야 할 것이다. 스스로 선 사람만이 함께 설 수 있다. 그래서 나는 넘칠 만큼 자신을 돌보라고 자주 말해주려고 한다.

 무엇보다도 아이에게 가장 가르치고 싶은 건 사랑하는 법이다. 어린 시절에 사람들이 나를 바라보던 눈빛을 통해 아이는 내가 어떤 사람인지, 세상과 어떻게 관계 맺어야 하는지를 배운다고 한다. 사람을 믿고 사랑하는 일이 얼마나 따뜻한 경험인지를 아이가 직접 느끼며 자라게 하고 싶다.

물론 나쁜 사람도 많고 세상이 무섭기도 하지만, 먼저 사랑이 무엇이고 좋은 사람이란 어떤 사람인지를 알아야 나쁜 것을 거르는 현명한 안목도 생긴다. 그래서 아이를 조심시키고 경계심을 키우는 것보다는 좋은 관계를 맺는 방법을 알려주고 싶다.

요즘 아이는 자주 내게 이렇게 말한다.

"엄마만큼 키 크면, 나도 엄마 구두 물려주세요."

"엄마처럼 어른 되면, 나도 미국 데려가 주세요."

아이는 늘 나를 바라보고 있다. 아이에게 어른의 기준은 곧 나였다. 좋은 것을 물려주는 가장 좋은 방법은 내가 먼저 좋은 사람이 되는 것일 테지. 역시 아이는 내가 좋은 사람이 되고 싶게 만든다.

나를 속이지
않는다

잘 살고 싶다는 말 뒤엔 늘 따라붙는 단어가 있다. 바로 행복이다. 표현이 조금씩 다를 수 있어도 사실은 모두가 바라는 상태일 것이다.

그렇다면 나는 언제 행복을 느끼는가. 좋은 일이 생겨야만 행복한 걸까. 상황이 불행하면 반드시 불행해지는 걸까. 돌아보면 꼭 그렇지는 않았다. 겉으로 아무 문제가 없는데 마음이 공허한 날이 있고, 반대로 상황은 엉망인데도 이상하게 평온했던 순간이 있다. 그런 걸 보면 행복은 바깥에서 오는 게 아니라 내 안의 어디에선가 만들어지는 게 아닐까 싶다.

러셀 로버츠는 『내 안에서 나를 만드는 것들』에서

애덤 스미스의 말을 인용해 이렇게 말했다. 행복은 사랑받고 있다는 느낌에서 비롯된다고. 겉으로는 아무렇지 않은 척하는 사람도 속으로는 인정받고 싶어 애쓴다는 것이다. 인간이라면 누구나 그런 갈망을 품고 살아가나보다.

처음 이 구절을 읽었을 때는 인정받는 게 인간에게 참 중요하구나 싶은 생각이 들었다. 하지만 시간이 지나 다시 이 말을 떠올려보니 그보다는 겉과 속이 같은 사람이 되는 게 더 중요한 것 같았다.

내가 생각하는 나와 실제의 내가 일치할 때 그리고 타인이 그 모습을 자연스럽게 인정해줄 때 비로소 우리는 안정감을 느낀다. 누군가의 인정보다는 스스로를 속이지 않는 감각이 더 본질적인 것 같다. 같은 책에 나오는 개념인데 우리 안에는 '공정한 관찰자'가 있다. 아무리 겉으로 좋은 평가를 받아도 그 시선 앞에선 스스로를 숨길 수 없다. 내가 정말 정직했는지, 마음의 방향이 올바른지. 남을 속이는 건 어렵지만 자신을 속이는 건 더 어려운 것이다.

나는 그동안 꾸준히 목표를 세우고 움직여왔다. 분

명 무언가를 이루고 성공하고 싶어서 분주히 살아온 것인데 희한하게도 종종 성공이 부담스럽게 느껴졌다. 잘되기를 바라면서도, 너무 눈에 띄는 건 싫었다. 유명해지고 싶지 않다고 말하면서 동시에 누군가에게 인정받고 싶은 마음은 버리지 못했다. "아무도 나를 모르지만, 돈은 많았으면 좋겠다"라는 어느 방송인의 농담에 많은 사람이 웃으며 공감한 것도 그 때문일지 모른다.

그렇다고 세상과 완전히 단절된 삶을 꿈꿨던 것도 아니다. 가끔 『월든』에서처럼 산속에 들어가 살고 싶다는 상상을 해보지만, 막상 정말 고립된 삶을 떠올리면 실행할 생각이 들진 않았다. 유명세를 거부하면서도 SNS에 소소한 일상을 기록하고 팔로워가 늘어나면 은근히 기뻤다. 나의 이중적인 마음이 여전히 나를 흔든다. 나는 '내가 성공을 감당할 만큼 괜찮은 사람일까?' 하는 두려움이 있었던 것 같다. 이 자리에 있어도 되는지, 지금 이 위치가 과분한 건 아닌지 누가 뭐라고 하기도 전에 먼저 불편함을 느꼈다.

사람은 결국 자신이 가진 것 안에서 인정받고 싶어 한다. 너무 멀리 와버렸다고 느껴질 때 불안해지는 것도 그래서일 것이다. 그래서일까. 분수에 맞는 옷을 입었을 때나 기대 이상을 좇지 않을 때 마음이 한결 가볍다.

행복은 멀리 있는 게 아니다. 높은 곳에 도달해야 얻을 수 있는 것도 아니다. 이상적인 목표를 향해 달리는 대신 지금 이 자리에서 스스로에 대해 왜곡되지 않은 감정을 느낄 수 있다면 그것은 행복은 거기에 있는 것이 아닐까.

그러고 보니 내가 진짜 원하는 건 스스로를 속이지 않고 살아가는 삶이다. 괜찮은 척하지 않고, 모자란 부분을 부끄러워하지 않고, 있는 그대로의 나를 조용히 받아들이는 것. 오래도록 지키고 싶은 태도다.

경험이 쌓이면
관점도 함께 자란다.
같은 상황이라도
서로 다른 시선 아래
전혀 다른 의미가 된다.

삶의 후반부로 갈수록
곁에 어떤 사람이
있는지가
행복한 삶을 결정 짓는다.

에필로그

100평짜리 사무실이 생겼다. 집을 산 다음엔 이제는 좀 한 곳에 뿌리내리고 안정된 마음으로 살 수 있으려나 싶었는데 100평만큼의 무게가 어깨 위에 얹어졌다. 이제 매달 월세, 공과금 부담이 추가되었다. 당연히 당장 공사대금을 마련해야 하고, 틈나는 대로 공사 현장에 가서 현장 소장님과 서로 언성을 높이며 내 의견을 주장하고 트렁크 가득 짐을 싣고 이사하는 일을 앞으로 두세 달은 이어가야 한다.

몇 년 전 한남동에 사무실을 얻을 때도 그랬다. 하던 대로 내 일을 하며 살아가면 크게 손해 볼 일도 속 시끄러울 일도 없었을 걸, 어느 날 누군가의 일터에 놀러 갔다가 갑자기 사무실을 얻어야겠다는 결심을 했다. 공간의 주인이 팔을 걷어 올리고 오브제를 정리하는데 그 열의에 찬 눈빛과 이마에 흐르는 땀방울이 멋있었던 탓이었을까. 나는 일주일 후 부동산에서 임대 계약서에 사인을 하고 말았다. 엘리베이터 없는 40년 된 건물 앞에 대책 없이 용달을 가득 채우는 양의 짐을 가져다 두고 내 작은 왜건에 짐을 조금씩 옮겨담아 3층으로 낑낑대고 나르며 다시는 이런 일은 벌이지 말자고 생각했다.

4년 후 나는 모든 일을 까맣게 잊고 다시 사무실을 꾸린다. 둘째를 낳는 엄마들의 마음이 이런 것일까. 한 번 해봤으니까 만만하기도, 어떤 고통인 줄 아니까 더 무섭기도 한 것.

여기로 꼭 출근해야 하는 사람도 없고 이 공간에서 더 큰돈을 벌 것 같지도 않다. 하지만 더 넓은 공간은 분명 또 다른 가능성을 열어줄 것이고, 나는 돈을 메꾸기 위해 어떻게든 안 하던 짓을 해보게 될 것이다.

에필로그

근사하게 꾸며놓고 커리어우먼처럼 폼나게 일하는 모습이 떠올라 힘이 났다가도 월세며 관리비가 잔뜩 밀려 울상을 짓는 내 모습도 동시에 상상되어 고개를 젓는다. 바로 지금 현장 소장님은 자꾸 인건비가 오르고 자재비가 올라서 초반보다 공사 예산이 늘어날 수밖에 없다고 카톡을 보내셨다. 사무실을 열기도 전에 이미 진이 다 빠져버린 것 같다. 아 그냥 아무것도 하지 말고 공사할 돈으로 사고 싶던 시계나 살 걸, 후회해도 이미 늦었다.

과분하게 넓은 공간이 꼭 앞으로 내가 가야 할 길, 내게 남은 숙제처럼 느껴져 헛웃음이 나온다. 아마 나는 어떤 방식으로든 100평을 채우고 꾸려나가게 될 것이다. 하고 싶은 걸 하기보다 해야 하는 걸 해오며 살길 40년이다. 저지른 일은 K-장녀의 자존심을 걸고 해내고 말 것이다. 싸우고 울고 발광하는 날들이 있을지언정.

책을 쓰는 과정도 사무실을 얻는 과정과 크게 다르지 않았다. 누가 책을 꼭 써달라고 사정한 것도 아니고 그냥 '이쯤 출간 제안을 받았으면 써봐도 되지 않을까?' 하는 안일한 생각으로 첫 책을 썼다. 예상과 달리, 그 책은 대박이 났으며 나는 어느새 집필하면서 느낀 자괴감과 고통을 까맣게 잊고 새로운 책을 쓰겠다고 달려들었다.

다시 책을 쓰는 과정은, 첫 번째 책을 쓰면서 느꼈던 고통을 복기하는 느낌이었다.
'아 맞다. 내가 이래서 다시는 책 안 쓴다고 생각했었지.'
키보드를 부서질 듯 두드리며 후회하기도, 스스로 머리를 쥐어박기도 하며 한 글자씩 써 내려갔다.

삶은 늘 이런 식이었다. 더할 나위 없다는 느낌이 들 때면, 내 속의 호기심이 별안간 알을 깨고 나와서 나를 또 다른 불안으로 밀어넣는다. 불안을 이겨내면서 존재를 확인하기라도 하는 것처럼 스스로를 편안히 두지 못한다. 한시를 가만히 있지 못하고 일을 벌이는 나에게 친구 K는 "최서영이 최서영 했네"라고 말했다.

에필로그

새로운 책과 새로운 사무실이 내 손에 아무것도 남기지 못하더라도 나는 또 새로운 무언가를 하게 될 게 분명하다. 품위 있는 어른이 된다는 건, 나를 고생시키지 않고 곱게 살도록 두는 것이 아니다. 해야 하는 것이 아니라 하고 싶은 것을, 비록 잘 해내지 못할지라도 마음껏 해보도록 기다려주는 여유를 갖는 것이다. 타인을 넘어 스스로에게도 비로소 자비로울 수 있는 것이야말로 내가 생각하는 어른의 모습이다.

나와 모든 이들이 자유하길, 지금을 살길 바라며.

감사합니다!

Dignity of adults

어른의 품위

ⓒ 최서영, 2025

초판 1쇄 발행 2025년 10월 1일
초판 18쇄 발행 2026년 1월 15일

지은이 최서영
책임편집 양예주
콘텐츠 그룹 조혜영 전연교 김신우 정다솔 문혜진 기소미
디자인 R DISIGN 이보람

펴낸이 전승환
펴낸곳 책읽어주는남자
신고번호 제2024-000099호
이메일 bookfarmers@thebookman.co.kr

ISBN 979-11-93937-69-3 (03810)

- 북로망스는 '책읽어주는남자'의 출판브랜드입니다.
- 이 책의 저작권은 저자에게 있습니다.
- 저작권법에 의해 보호를 받는 저작물이므로 저자와 출판사의 허락 없이 무단 전재와 복제를 금합니다.
- 이 책의 일부 또는 전부를 재사용하려면 반드시 저작권자와 출판사 양측의 동의를 받아야 합니다.
- 책값은 뒤표지에 있습니다.